Charles Baudelaire
Les Fleurs du mal
(1857, 1861, 1866)
suivi de Mon cœur mis à nu

Préface de **Stéphane Bouquet**

Texte intégral suivi d'un dossier critique
pour la préparation du bac français

Collection dirigée par
Johan Faerber

Édition annotée et commentée par
Florence Bouchy
ancienne élève de l'École normale supérieure
agrégée de lettres modernes
docteur ès lettres

Les Fleurs du mal

- 4   La liste des poèmes
- 10   La préface de Stéphane Bouquet
- 13   **Les cent poèmes de l'édition de 1857**
- 15   Au lecteur
- 18   Spleen et Idéal
- 108   Fleurs du mal
- 130   Révolte
- 137   Le Vin
- 144   La Mort
- 147   **Les poèmes apportés par l'édition de 1861**
- 148   Fin de « La Mort »
- 158   Spleen et Idéal
- 181   Tableaux parisiens
- 203   **Les poèmes apportés par *Les Épaves* de 1866**
- 225   **Les poèmes apportés par l'édition posthume de 1868**

Mon cœur mis à nu

- 238   Présentation
- 240   Le texte

© Hatier Paris 2014 - ISBN 978-2-218-97842-5

Conception graphique de la maquette : c-album, Jean-Baptiste Taisne, Rachel Pfleger (texte) ; Lauriane Tiberghien (dossier) • Mise en pages : Chesteroc Ltd • Suivi éditorial : Brigitte Brisse, Charlotte Monnier.

REPÈRES CLÉS

POUR SITUER L'ŒUVRE

- 274 REPÈRE 1 ♦ Le contexte historique et culturel
- 276 REPÈRE 2 ♦ La vie de Baudelaire
- 278 REPÈRE 3 ♦ Le recueil dans l'œuvre de Baudelaire
- 280 REPÈRE 4 ♦ Baudelaire et les arts

FICHES DE LECTURE

POUR APPROFONDIR SA LECTURE

- 283 FICHE 1 ♦ Exigence de composition et liberté poétique
- 287 FICHE 2 ♦ La figure du poète
- 289 FICHE 3 ♦ Le spleen

THÈMES ET DOCUMENTS

POUR COMPARER

| THÈME 1 | La fuite du temps, source de création artistique

- 291 DOC. 1 ♦ Charles Baudelaire, *Les Fleurs du mal* (1857), « L'ennemi »
- 291 DOC. 2 ♦ Alfred de Musset, *Derniers vers* (1840), « Tristesse »
- 292 DOC. 3 ♦ Guillaume Apollinaire, *Alcools* (1913), « Automne malade »
- 293 DOC. 4 ♦ Louis Aragon, *Le Roman inachevé* (1956), « Je chante pour passer le temps »

| THÈME 2 | La femme, muse et démon

- 294 DOC. 5 ♦ Charles Baudelaire, *Les Fleurs du mal* (1857), « Parfum exotique »
- 294 DOC. 6 ♦ Charles Baudelaire, *Les Fleurs du mal* (1857), « Sed non satiata »
- 294 DOC. 7 ♦ Pierre de Ronsard, *Sonnets pour Hélène* (1578), « Le soir qu'Amour vous fit en salle descendre »
- 295 DOC. 8 ♦ Paul Verlaine, *Poèmes saturniens* (1866), « Mon rêve familier »

OBJECTIF BAC

POUR S'ENTRAÎNER

| SUJETS D'ÉCRIT |

- 296 SUJET 1 ♦ Contre la fuite du temps
- 297 SUJET 2 ♦ Dire l'amour

| SUJETS D'ORAL |

- 299 SUJET 1 ♦ Le spleen baudelairien
- 299 SUJET 2 ♦ Images de la femme

| LECTURES DE L'IMAGE |

- 300 LECTURE 1 ♦ Pietro della Vecchia, la mort et son grotesque
- 301 LECTURE 2 ♦ Watteau, le peintre des fêtes galantes
- 302 LECTURE 3 ♦ Delacroix, le peintre romantique
- 303 LECTURE 4 ♦ Courbet, le réaliste
- 304 LECTURE 5 ♦ Ingres, le néoclassique
- 305 LECTURE 6 ♦ Bonnat, le portraitiste
- 306 LECTURE 7 ♦ Daumier, le caricaturiste
- 307 LECTURE 8 ♦ Matisse, le goût de la couleur

ENTRETIEN

- 309 Mathieu Terence, romancier et poète répond à nos questions

INDEX

- 313 Index des poèmes

Liste des poèmes

ÉDITION DE 1857
Au lecteur 15

Spleen et Idéal
1. Bénédiction 18
2. Le soleil 22
3. Élévation 23
4. Correspondances 24
5. *J'aime le souvenir de ces époques nues* 24
6. Les phares 26
7. La muse malade 28
8. La muse vénale 29
9. Le mauvais moine 30
10. L'ennemi 31
11. Le guignon 32
12. La vie antérieure 33
13. Bohémiens en voyage 33
14. L'homme et la mer 34
15. Don Juan aux Enfers 35
16. Châtiment de l'orgueil 36
17. La beauté 37
18. L'idéal 38
19. La géante 39
20. Les bijoux 40
21. Parfum exotique 42
22. *Je t'adore à l'égal de la voûte nocturne* 42
23. *Tu mettrais l'univers entier dans ta ruelle* 43
24. Sed non satiata 44
25. *Avec ses vêtements ondoyants et nacrés* 45
26. Le serpent qui danse 46
27. Une charogne 47
28. De profundis clamavi 50
29. Le vampire 50

Liste des poèmes

30. Le Léthé 52
31. *Une nuit que j'étais près d'une affreuse Juive* 53
32. Remords posthume 54
33. Le chat *(Viens, mon beau chat…)* 54
34. Le balcon 55
35. *Je te donne ces vers afin que si mon nom* 56
36. Tout entière 57
37. *Que diras-tu ce soir, pauvre âme solitaire*................ 58
38. Le flambeau vivant 59
39. À celle qui est trop gaie 60
40. Réversibilité 61
41. Confession 63
42. L'aube spirituelle 65
43. Harmonie du soir 65
44. Le flacon 66
45. Le poison 68
46. Ciel brouillé 69
47. Le chat *(Dans ma cervelle se promène…)*............... 70
48. Le beau navire 72
49. L'invitation au voyage 74
50. L'irréparable 75
51. Causerie 78
52. L'héautontimorouménos 78
53. Franciscæ meæ laudes 80
54. À une dame créole 81
55. Mœsta et errabunda 82
56. Les chats 84
57. Les hiboux 85
58. La cloche fêlée 85
59. Spleen *(Pluviose, irrité…)* 86
60. Spleen *(J'ai plus de souvenirs…)*............................ 87
61. Spleen *(Je suis comme le roi…)* 89
62. Spleen *(Quand le ciel bas et lourd…)* 90
63. Brumes et pluies 91
64. L'irrémédiable 91
65. À une mendiante rousse 93

66. Le jeu 96
67. Le crépuscule du soir 98
68. Le crépuscule du matin 99
69. *La servante au grand cœur dont vous étiez jalouse* 101
70. *Je n'ai pas oublié, voisine de la ville* 102
71. Le tonneau de la haine 102
72. Le revenant 103
73. Le mort joyeux 104
74. Sépulture 104
75. Tristesses de la lune 105
76. La musique 106
77. La pipe 107

Fleurs du mal

78. La destruction 108
79. Une martyre 109
80. Lesbos 111
81. Femmes damnées – Delphine et Hippolyte 115
82. Femmes damnées (*Comme un bétail pensif…*) 119
83. Les deux bonnes sœurs 121
84. La fontaine de sang 122
85. Allégorie 122
86. La Béatrice 123
87. Les métamorphoses du vampire 125
88. Un voyage à Cythère 126
89. L'amour et le crâne 129

Révolte

90. Le reniement de Saint Pierre 130
91. Abel et Caïn 132
92. Les litanies de Satan 134

Le Vin

93. L'âme du vin 137
94. Le vin des chiffonniers 138
95. Le vin de l'assassin 140

96. Le vin du solitaire 142
97. Le vin des amants 143

La Mort
98. La mort des amants 144
99. La mort des pauvres 145
100. La mort des artistes 146

POÈMES APPORTÉS PAR L'ÉDITION DE 1861

Fin de « La Mort »
101. La fin de la journée 148
102. Le rêve d'un curieux 149
103. Le voyage 150

[Suite à] Spleen et Idéal
104. L'albatros 158
105. Le masque 159
106. Hymne à la beauté 161
107. La chevelure 162
108. Duellum 164
109. Le possédé 165
110. Un fantôme 166
    I. Les ténèbres 166
    II. Le parfum 166
    III. Le cadre 167
    IV. Le portrait 168
111. Semper eadem 169
112. Chant d'automne 169
113. À une Madone 171
114. Chanson d'après-midi 173
115. Sisina 174
116. Sonnet d'automne 175
117. Une gravure fantastique 176
118. Obsession 176
119. Le goût du néant 177
120. Alchimie de la douleur 178

121. Horreur sympathique 179
122. L'horloge 179

Tableaux parisiens
123. Paysage...181
124. Le cygne 182
125. Les sept vieillards..185
126. Les petites vieilles...187
127. Les aveugles 192
128. À une passante...192
129. Le squelette laboureur...193
130. Danse macabre..195
131. L'amour du mensonge...198
132. Rêve parisien 199

POÈMES APPORTÉS PAR *LES ÉPAVES* (1866)
133. Le coucher de soleil romantique 204
134. Le jet d'eau 205
135. Les yeux de Berthe..206
136. Hymne 207
137. Les promesses d'un visage 208
138. Le monstre ou le paranymphe d'une nymphe
     macabre..209
139. Vers pour le portrait de M. Honoré Daumier 213
140. Lola de Valence...214
141. Sur *Le Tasse en prison* d'Eugène Delacroix.....................214
142. La voix...215
143. L'imprévu...216
144. La rançon...218
145. À une Malabaraise 219
146. Sur les débuts d'Amina Boschetti 220
147. À propos d'un importun 221
148. Un cabaret folâtre...223

POÈMES APPORTÉS PAR L'ÉDITION DE 1868

149. Le gouffre 226
150. Le couvercle 226
151. L'examen de minuit 227
152. L'avertisseur 228
153. Le rebelle 229
154. Les plaintes d'un Icare 230
155. La prière d'un païen 231
156. Bien loin d'ici 231
157. Madrigal triste 232
158. La lune offensée 234
159. Recueillement 235
160. Épigraphe pour un livre condamné 236

Rendre la vie vivable, vivante

par Stéphane Bouquet

Je ne connais pas le sens des *Fleurs du mal* ni les intentions de Baudelaire, et je ne vais pas chercher à les connaître ici parce que ça n'a aucune importance. Personne ne lit un livre pour savoir ce que son auteur voulait dire. Au reste, il n'y a rien de plus ennuyeux qu'un écrivain qui veut dire quelque chose. Il donne envie de fuir d'urgence. Ce que font les bons livres, c'est autre chose, c'est – par une sorte de murmure du style – offrir à leurs lecteurs le moyen de rendre la vie vivable.

Rendre la vie vivable, c'est au fond ce que Baudelaire lui-même demanda à son livre. *Les Fleurs du mal* est plein de ce genre de prière : « aimez-moi », « soyez la douceur éphémère », « Réchauffe mon cœur engourdi », « Viens sur mon cœur », « Laissez, laissez mon cœur s'enivrer de mensonges ». De Baudelaire, on peut faire le portrait suivant : un homme et un cœur isolé – c'est la même chose – arpente les rues de Paris à la recherche frénétique de consolations, par exemple de femmes. On dit souvent d'un poète quand il parle de désir, de sexe, qu'il parle d'autre chose – comprendre : de choses plus sérieuses. Mais c'est peut-être exactement le contraire : il n'y a peut-être rien de plus sérieux que le désir et l'étreinte. Baudelaire réclame les étreintes : « Ah ! laissez-moi, mon front posé sur vos genoux » ou bien, « Car j'eusse avec ferveur baisé ton noble corps » ou tout le poème de « La Chevelure ». Etc. Beaucoup d'etc. en fait, car beaucoup des poèmes des *Fleurs du mal* sont des poèmes de désir absolu et inassouvi. Or ces étreintes, divers indices nous poussent à comprendre qu'elles sont une consolation suprême pour Charles Baudelaire parce qu'elles ouvrent sur un monde inouï, miraculeux. Dans « Hymne à la beauté », l'amante est comparée en une seule strophe à : ange, sirène, fée, reine unique – ce n'est pas rien, mais il y a mieux, et plus, plus profond. Elle est aussi : « rythme, parfum, lueur ». Plus que les premiers comparants – peu convenus – la femme-parfum ou la femme-lueur est une consolatrice suprême parce qu'elle dispense à l'amant un monde au-delà du corps (le corps qui périt par principe) – un monde où ne règnent plus que des sensations flottantes, diffuses, immortelles, enveloppantes, caressantes. Les meilleures amantes baudelairiennes sont celles qui offrent des bains touffus de sensations comme dans « Ciel brouillé » : « ô femmes dangereuses, ô séduisants climats ».

Au moins une fois, dans le très fameux « Invitation au voyage », Baudelaire dit explicitement ce qui fait le charme supérieur des sensations : odeurs et lumières et matières, « tout y parlerait/à l'âme en secret/sa douce langue natale ». La sensation est un retour, elle indique le chemin de la maison quand c'était encore le début du monde. On ne compte pas, d'ailleurs, les signes du retour, du recommencement qu'égrène *Les Fleurs du mal* : « les soleils rajeunis » et les virginités retrouvées, les résurrections incroyables grâce à la « fugitive beauté » ou aux femmes aux yeux si mystérieux « dont le regard divin t'a soudain refleuri ». Mais à quoi renaît-on quand on renaît grâce aux caresses des femmes ? À la caresse justement, à l'enfance comme caresse, et c'est pourquoi Baudelaire fait tellement l'éloge du saphisme : parce que, dans son esprit au moins, celui-ci est le règne de la caresse. Dans « Femmes damnées »,

Delphine parle à sa compagne et dit si joliment : « Mes baisers sont légers comme ces éphémères/Qui caressent le soir les grands lacs transparents ».

Au fond, le mouvement entier de ce livre est de revenir à l'enfance et à un geste précis de l'enfance : le bercement. Baudelaire cherche à rendre la vie vivable, et il n'a rien d'autre à demander que : bercez-moi, s'il vous plaît et encore bercez-moi. « Berceuse dont la main aux longs sommeils m'invite », dit-il à toutes les femmes et à la mer qui ont cette « fonction sublime de berceuse ». L'ondulation, le bercement, de ce point de vue, sont la forme même du bonheur. De sorte qu'il faut comprendre l'euphonie ondulatoire baudelairienne comme une recherche, à l'aide du rythme directement, de la possibilité du paradis. Baudelaire n'invente pas un alexandrin si fluctuant, il ne recourt pas si souvent au pantoum ou au jeu de balancement subtil des vers (8/5 dans « Le serpent qui danse », 12/8 dans « Une charogne », 5/5/7 dans « L'invitation au voyage ») par pur plaisir de poète qui cherche le beau son. Bien sûr, cette quête existe, du son qui ondule comme sur une mer presque calme, « Et nous allons, suivant le rythme de la lame, /Berçant notre infini sur le fini des mers », mais elle procède essentiellement de la recherche de la consolation du rythme, du doux berceau du rythme. Le rythme baudelairien n'est pas gratuit (aucun rythme de grand poète n'est gratuit) : il est le seul espoir – le seul espoir que des mains nous porteront, nous tiendront, nous berceront, doucement, nous les encore enfants.

LES FLEURS DU MAL
(1857)

L'édition originale de 1857 contient cent poèmes, soigneusement organisés en cinq sections. Elle est donc la seule édition, parue du vivant de Baudelaire, comportant les six pièces condamnées lors du procès des *Fleurs du mal*.

AU POÈTE IMPECCABLE

AU PARFAIT MAGICIEN ÈS LETTRES FRANÇAISES

À MON TRÈS CHER ET TRÈS VÉNÉRÉ

MAÎTRE ET AMI

THÉOPHILE GAUTIER [1]

AVEC LES SENTIMENTS
DE LA PLUS PROFONDE HUMILITÉ

JE DÉDIE
CES FLEURS MALADIVES

C. B

---

1. Théophile Gautier : écrivain français (1811-1872), chef de file des poètes parnassiens.

AU LECTEUR

La sottise, l'erreur, le péché, la lésine[1],
Occupent nos esprits et travaillent nos corps,
Et nous alimentons nos aimables remords,
Comme les mendiants nourrissent leur vermine[2].

5 Nos péchés sont têtus, nos repentirs[3] sont lâches ;
Nous nous faisons payer grassement nos aveux,
Et nous rentrons gaiement dans le chemin bourbeux,
Croyant par de vils[4] pleurs laver toutes nos taches.

Sur l'oreiller du mal c'est Satan Trismégiste[5]
10 Qui berce longuement notre esprit enchanté,
Et le riche métal de notre volonté
Est tout vaporisé par ce savant chimiste.

C'est le Diable qui tient les fils qui nous remuent !
Aux objets répugnants nous trouvons des appas[6] ;
15 Chaque jour vers l'Enfer nous descendons d'un pas,
Sans horreur, à travers des ténèbres qui puent.

---

1. Lésine : tendance excessive à l'épargne.
2. Vermine : insectes parasites.
3. Repentir : vif regret d'une faute que l'on veut réparer.
4. Vil : qui inspire le mépris.
5. Satan Trismégiste : trois fois grand. L'épithète est d'habitude attribuée au dieu Hermès, maître de la magie.
6. Appas : charmes.

Ainsi qu'un débauché pauvre qui baise et mange
Le sein martyrisé d'une antique catin [1],
Nous volons au passage un plaisir clandestin
Que nous pressons bien fort comme une vieille orange.

Serré, fourmillant, comme un million d'helminthes [2],
Dans nos cerveaux ribote [3] un peuple de Démons,
Et, quand nous respirons, la Mort dans nos poumons
Descend, fleuve invisible, avec de sourdes plaintes.

Si le viol, le poison, le poignard, l'incendie,
N'ont pas encor brodé de leurs plaisants dessins
Le canevas [4] banal de nos piteux destins,
C'est que notre âme, hélas ! n'est pas assez hardie.

Mais parmi les chacals, les panthères, les lices [5],
Les singes, les scorpions, les vautours, les serpents,
Les monstres glapissants, hurlants, grognants, rampants,
Dans la ménagerie infâme de nos vices,

Il en est un plus laid, plus méchant, plus immonde !
Quoiqu'il ne pousse ni grands gestes ni grands cris,
Il ferait volontiers de la terre un débris
Et dans un bâillement avalerait le monde ;

---

1. Catin : prostituée.
2. Helminthes : vers intestinaux.
3. Ribote : formé à partir de l'ancien verbe « riboter », se livrer à un excès de nourriture et de boisson.
4. Canevas : toile de fond des tapisseries. Par extension : plan, scénario.
5. Lice : femelle d'un chien de chasse.

C'est l'Ennui ! – l'œil chargé d'un pleur involontaire,
Il rêve d'échafauds en fumant son houka[1].
Tu le connais, lecteur, ce monstre délicat,
– Hypocrite lecteur, – mon semblable, – mon frère !

---

1. Houka : pipe à réservoir, ressemblant à un narguilé.

Spleen et Idéal

1 BÉNÉDICTION

Lorsque, par un décret des puissances suprêmes,
Le Poète apparaît en ce monde ennuyé,
Sa mère épouvantée et pleine de blasphèmes[1]
Crispe ses poings vers Dieu, qui la prend en pitié :

5 – « Ah ! que n'ai-je mis bas tout un nœud de vipères,
Plutôt que de nourrir cette dérision !
Maudite soit la nuit aux plaisirs éphémères
Où mon ventre a conçu mon expiation[2] !

« Puisque tu m'as choisie entre toutes les femmes[3]
10 Pour être le dégoût de mon triste mari,
Et que je ne puis pas rejeter dans les flammes,
Comme un billet d'amour, ce monstre rabougri,

« Je ferai rejaillir ta haine qui m'accable
Sur l'instrument maudit de tes méchancetés,
15 Et je tordrai si bien cet arbre misérable,
Qu'il ne pourra pousser ses boutons empestés ! »

---

1. Blasphème : insulte à l'égard d'un dieu ou d'une religion.
2. Expiation : souffrance destinée à purifier d'une faute.
3. Le second hémistiche est repris de la version française de l'*Ave Maria*.

Elle ravale ainsi l'écume de sa haine,
Et, ne comprenant pas les desseins éternels,
Elle-même prépare au fond de la Géhenne[1]
Les bûchers consacrés aux crimes maternels.

Pourtant, sous la tutelle invisible d'un Ange,
L'Enfant déshérité s'enivre de soleil,
Et dans tout ce qu'il boit et dans tout ce qu'il mange
Retrouve l'ambroisie[2] et le nectar vermeil.

Il joue avec le vent, cause avec le nuage,
Et s'enivre en chantant du chemin de la croix ;
Et l'Esprit qui le suit dans son pèlerinage
Pleure de le voir gai comme un oiseau des bois.

Tous ceux qu'il veut aimer l'observent avec crainte,
Ou bien, s'enhardissant de sa tranquillité,
Cherchent à qui saura lui tirer une plainte,
Et font sur lui l'essai de leur férocité.

Dans le pain et le vin destinés à sa bouche
Ils mêlent de la cendre avec d'impurs crachats ;
Avec hypocrisie ils jettent ce qu'il touche,
Et s'accusent d'avoir mis leurs pieds dans ses pas.

---

1. Géhenne : enfer.
2. Ambroisie : nourriture des dieux de l'Olympe qui leur procurait l'immortalité.

Sa femme va criant sur les places publiques :
« Puisqu'il me trouve assez belle pour m'adorer,
Je ferai le métier des idoles antiques,
40   Et comme elles je veux me faire redorer ;

« Et je me soûlerai de nard[1], d'encens, de myrrhe[2],
De génuflexions, de viandes et de vins,
Pour savoir si je puis dans un cœur qui m'admire
Usurper en riant les hommages divins !

45   « Et, quand je m'ennuierai de ces farces impies[3],
Je poserai sur lui ma frêle et forte main ;
Et mes ongles, pareils aux ongles des harpies[4],
Sauront jusqu'à son cœur se frayer un chemin.

« Comme un tout jeune oiseau qui tremble et qui palpite,
50   J'arracherai ce cœur tout rouge de son sein,
Et, pour rassasier ma bête favorite,
Je le lui jetterai par terre avec dédain ! »

Vers le Ciel, où son œil voit un trône splendide,
Le Poète serein lève ses bras pieux,
55   Et les vastes éclairs de son esprit lucide
Lui dérobent l'aspect des peuples furieux :

---

1. Nard : aromate très apprécié dans l'Antiquité.
2. Myrrhe : résine aromatique. Dans la Bible, les Rois mages offrent de l'or, de l'encens et de la myrrhe à l'Enfant Jésus.
3. Impie : qui offense la religion.
4. Harpie : dans la mythologie grecque, monstre à tête de femme et à corps de vautour.

– « Soyez béni, mon Dieu, qui donnez la souffrance
Comme un divin remède à nos impuretés
Et comme la meilleure et la plus pure essence
Qui prépare les forts aux saintes voluptés !

« Je sais que vous gardez une place au Poète
Dans les rangs bienheureux des saintes Légions,
Et que vous l'invitez à l'éternelle fête
Des Trônes, des Vertus, des Dominations.

« Je sais que la douleur est la noblesse unique
Où ne mordront jamais la terre et les enfers,
Et qu'il faut pour tresser ma couronne mystique
Imposer tous les temps et tous les univers.

« Mais les bijoux perdus de l'antique Palmyre[1],
Les métaux inconnus, les perles de la mer,
Par votre main montés, ne pourraient pas suffire
À ce beau diadème éblouissant et clair ;

« Car il ne serait fait que de pure lumière,
Puisée au foyer saint des rayons primitifs,
Et dont les yeux mortels, dans leur splendeur entière,
Ne sont que des miroirs obscurcis et plaintifs ! »

---

1. Palmyre : oasis du désert de Syrie, qui eut le monopole du commerce caravanier entre l'Inde et la Méditerranée aux IIe et IIIe siècles après J.-C.

2 LE SOLEIL

Le long du vieux faubourg, où pendent aux masures[1]
Les persiennes, abri des secrètes luxures[2],
Quand le soleil cruel frappe à traits redoublés
Sur la ville et les champs, sur les toits et les blés,
Je vais m'exercer seul à ma fantasque[3] escrime,
Flairant dans tous les coins les hasards de la rime,
Trébuchant sur les mots comme sur les pavés,
Heurtant parfois des vers depuis longtemps rêvés.

Ce père nourricier, ennemi des chloroses[4],
Éveille dans les champs les vers comme les roses ;
Il fait s'évaporer les soucis vers le ciel,
Et remplit les cerveaux et les ruches de miel.
C'est lui qui rajeunit les porteurs de béquilles
Et les rend gais et doux comme des jeunes filles,
Et commande aux moissons de croître et de mûrir
Dans le cœur immortel qui toujours veut fleurir !

Quand, ainsi qu'un poète, il descend dans les villes,
Il ennoblit le sort des choses les plus viles[5],
Et s'introduit en roi, sans bruit et sans valets,
Dans tous les hôpitaux et dans tous les palais.

---

1. Masure : petite maison misérable.
2. Luxure : recherche des plaisirs sexuels.
3. Fantasque : imprévisible, qui est sujet à des sautes d'humeur.
4. Chlorose : état maladif, résultant du manque de fer, et caractérisé par une pâleur verdâtre de la peau.
5. Vil : qui inspire le mépris.

3 ÉLÉVATION

Au-dessus des étangs, au-dessus des vallées,
Des montagnes, des bois, des nuages, des mers,
Par-delà le soleil, par-delà les éthers [1],
Par-delà les confins des sphères étoilées,

5 Mon esprit, tu te meus avec agilité,
Et, comme un bon nageur qui se pâme dans l'onde,
Tu sillonnes gaiement l'immensité profonde
Avec une indicible et mâle volupté.

Envole-toi bien loin de ces miasmes [2] morbides ;
10 Va te purifier dans l'air supérieur,
Et bois, comme une pure et divine liqueur,
Le feu clair qui remplit les espaces limpides.

Derrière les ennuis et les vastes chagrins
Qui chargent de leur poids l'existence brumeuse,
15 Heureux celui qui peut d'une aile vigoureuse
S'élancer vers les champs lumineux et sereins ;

Celui dont les pensers, comme des alouettes,
Vers les cieux le matin prennent un libre essor,
– Qui plane sur la vie, et comprend sans effort
20 Le langage des fleurs et des choses muettes !

---

1. Éther : dans l'Antiquité, fluide qu'on se représentait régner au-dessus de l'atmosphère. Par extension, les éthers désignent les espaces célestes.
2. Miasmes : gaz, émanations censées propager les maladies infectieuses et les épidémies.

4 CORRESPONDANCES

La Nature est un temple où de vivants piliers
Laissent parfois sortir de confuses paroles ;
L'homme y passe à travers des forêts de symboles
Qui l'observent avec des regards familiers.

5 Comme de longs échos qui de loin se confondent
Dans une ténébreuse et profonde unité,
Vaste comme la nuit et comme la clarté,
Les parfums, les couleurs et les sons se répondent.

Il est des parfums frais comme des chairs d'enfants,
10 Doux comme les hautbois, verts comme les prairies,
– Et d'autres, corrompus, riches et triomphants,

Ayant l'expansion des choses infinies,
Comme l'ambre, le musc[1], le benjoin et l'encens[2],
Qui chantent les transports de l'esprit et des sens.

5

J'aime le souvenir de ces époques nues,
Dont Phoebus[3] se plaisait à dorer les statues.
Alors l'homme et la femme en leur agilité
Jouissaient sans mensonge et sans anxiété,
5 Et, le ciel amoureux leur caressant l'échine,
Exerçaient la santé de leur noble machine.

---

1. Ambre, musc : parfums précieux, d'origine animale, et très odorants.
2. Benjoin, encens : substances résineuses aromatiques, qui brûlent en répandant une odeur pénétrante.
3. Phoebus : autre nom du dieu grec Apollon, lorsqu'il est considéré comme dieu de la lumière.

Cybèle[1] alors, fertile en produits généreux,
Ne trouvait point ses fils un poids trop onéreux,
Mais, louve au cœur gonflé de tendresses communes,
Abreuvait l'univers à ses tétines brunes.
L'homme, élégant, robuste et fort, avait le droit
D'être fier des beautés qui le nommaient leur roi ;
Fruits purs de tout outrage et vierges de gerçures,
Dont la chair lisse et ferme appelait les morsures !

Le Poëte aujourd'hui, quand il veut concevoir
Ces natives grandeurs, aux lieux où se font voir[2]
La nudité de l'homme et celle de la femme,
Sent un froid ténébreux envelopper son âme
Devant ce noir tableau plein d'épouvantement.
Ô monstruosités pleurant leur vêtement !
Ô ridicules troncs ! torses dignes des masques !
Ô pauvres corps tordus, maigres, ventrus ou flasques,
Que le dieu de l'Utile, implacable et serein,
Enfants, emmaillota dans ses langes d'airain[3] !
Et vous, femmes, hélas ! pâles comme des cierges,
Que ronge et que nourrit la débauche, et vous, vierges,
Du vice maternel traînant l'hérédité
Et toutes les hideurs de la fécondité !

Nous avons, il est vrai, nations corrompues,
Aux peuples anciens des beautés inconnues :
Des visages rongés par les chancres[4] du cœur,

---

1. Cybèle : divinité représentant, dans le monde gréco-romain, la fertilité de la nature.

2. Aux lieux où se font voir : dans les ateliers des peintres notamment.

3. Airain : en bronze. D'où le sens figuré : dur, implacable.

4. Chancre : érosion ou ulcération de la peau.

Et comme qui dirait des beautés de langueur ;
Mais ces inventions de nos muses tardives
N'empêcheront jamais les races maladives
35 De rendre à la jeunesse un hommage profond,
— À la sainte jeunesse, à l'air simple, au doux front,
À l'œil limpide et clair ainsi qu'une eau courante,
Et qui va répandant sur tout, insouciante
Comme l'azur du ciel, les oiseaux et les fleurs,
40 Ses parfums, ses chansons et ses douces chaleurs.

6 LES PHARES

Rubens[1], fleuve d'oubli, jardin de la paresse,
Oreiller de chair fraîche où l'on ne peut aimer,
Mais où la vie afflue et s'agite sans cesse,
Comme l'air dans le ciel et la mer dans la mer ;

5 Léonard de Vinci[2], miroir profond et sombre,
Où des anges charmants, avec un doux souris[3]
Tout chargé de mystère, apparaissent à l'ombre
Des glaciers et des pins qui ferment leur pays ;

Rembrandt[4], triste hôpital tout rempli de murmures,
10 Et d'un grand crucifix décoré seulement,
Où la prière en pleurs s'exhale des ordures,
Et d'un rayon d'hiver traversé brusquement ;

---

1. Rubens : peintre flamand (1577-1640).
2. Léonard de Vinci : peintre italien (1452-1519).
3. Souris : sourire (forme archaïque). L'ensemble de la vignette peut évoquer plusieurs tableaux, notamment *La Joconde*.
4. Rembrandt : peintre et graveur hollandais (1606-1669). La vignette peut évoquer l'une de ses gravures, *Jésus guérissant les malades (Pièce aux cent florins)* ou *Les Trois Croix*.

Michel-Ange[1], lieu vague où l'on voit des Hercules[2]
Se mêler à des Christs, et se lever tout droits
Des fantômes puissants qui dans les crépuscules
Déchirent leur suaire[3] en étirant leurs doigts ;

Colères de boxeur, impudences de faune[4],
Toi qui sus ramasser la beauté des goujats[5],
Grand cœur gonflé d'orgueil, homme débile[6] et jaune,
Puget[7], mélancolique empereur des forçats[8] ;

Watteau[9], ce carnaval où bien des cœurs illustres,
Comme des papillons, errent en flamboyant,
Décors frais et légers éclairés par des lustres
Qui versent la folie à ce bal tournoyant ;

Goya[10], cauchemar plein de choses inconnues,
De foetus qu'on fait cuire au milieu des sabbats[11],
De vieilles au miroir et d'enfants toutes nues,
Pour tenter les démons ajustant bien leurs bas ;

---

1. Michel-Ange : peintre italien (1475-1564).
2. Hercule : demi-dieu romain qui accomplit de nombreux exploits grâce à sa force et son courage.
3. Suaire : linceul. L'ensemble de la vignette se réfère à la peinture de la chapelle Sixtine, *Le Jugement dernier*.
4. Faune : divinité mythologique champêtre, représentée avec le corps velu, des oreilles pointues, des cornes et des pieds de chèvre.
5. Goujat : valet d'armée.
6. Débile : qui manque de force physique.
7. Puget : sculpteur français (1620-1694). Il a notamment représenté des goujats sur le bas-relief *Alexandre et Diogène*.
8. Forçat : bagnard. Les forçats servirent de modèle à Puget.
9. Watteau : peintre français (1684-1721).
10. Goya : peintre espagnol (1746-1828). La strophe évoque successivement les planches des *Caprices : Todos caerán, Hasta la muerte, Bien tirada está*.
11. Sabbat : assemblée nocturne et bruyante de sorciers.

Delacroix[1], lac de sang hanté des mauvais anges,
30 Ombragé par un bois de sapins toujours vert,
Où, sous un ciel chagrin, des fanfares étranges
Passent, comme un soupir étouffé de Weber[2] ;

Ces malédictions, ces blasphèmes[3], ces plaintes,
Ces extases, ces cris, ces pleurs, ces *Te Deum*[4],
35 Sont un écho redit par mille labyrinthes ;
C'est pour les cœurs mortels un divin opium !

C'est un cri répété par mille sentinelles,
Un ordre renvoyé par mille porte-voix ;
C'est un phare allumé sur mille citadelles,
40 Un appel de chasseurs perdus dans les grands bois !

Car c'est vraiment, Seigneur, le meilleur témoignage
Que nous puissions donner de notre dignité
Que cet ardent sanglot qui roule d'âge en âge
Et vient mourir au bord de votre éternité !

7 LA MUSE MALADE

Ma pauvre muse, hélas ! qu'as-tu donc ce matin ?
Tes yeux creux sont peuplés de visions nocturnes,
Et je vois tour à tour réfléchis sur ton teint
La folie et l'horreur, froides et taciturnes.

---

1. Delacroix : peintre français (1798-1863), auquel Baudelaire a consacré de nombreux écrits.
2. Weber : compositeur allemand (1786-1826).
3. Blasphème : insulte à l'égard d'un dieu ou d'une religion.
4. *Te Deum* : « Nous te louons » : dans la liturgie chrétienne, chant de louange et d'action de grâces en latin.

Le succube[1] verdâtre et le rose lutin
T'ont-ils versé la peur et l'amour de leurs urnes ?
Le cauchemar, d'un poing despotique et mutin,
T'a-t-il noyée au fond d'un fabuleux Minturnes[2] ?

Je voudrais qu'exhalant l'odeur de la santé
Ton sein de pensers forts fût toujours fréquenté,
Et que ton sang chrétien coulât à flots rythmiques,

Comme les sons nombreux des syllabes antiques,
Où règnent tour à tour le père des chansons[3],
Phoebus[4], et le grand Pan[5], le seigneur des moissons.

8 LA MUSE VÉNALE

Ô muse de mon cœur, amante des palais,
Auras-tu, quand Janvier lâchera ses Borées[6],
Durant les noirs ennuis des neigeuses soirées,
Un tison pour chauffer tes deux pieds violets ?

Ranimeras-tu donc tes épaules marbrées
Aux nocturnes rayons qui percent les volets ?
Sentant ta bourse à sec autant que ton palais,
Récolteras-tu l'or des voûtes azurées ?

---

1. Succube : démon qui prend la forme d'une femme pour séduire les hommes.
2. Minturnes : lieux marécageux au sud de Rome où Marius (général et homme d'État romain, 157-86 av. J.-C.) s'enfonça et se cacha pour échapper aux soldats de Sylla (général et homme d'État romain, 138-78 av. J.-C.).
3. Le père des chansons : le dieu Bacchus.
4. Phoebus : autre nom du dieu grec Apollon, lorsqu'il est considéré comme dieu de la lumière.
5. Pan : divinité de la fécondité en Grèce.
6. Borée : vent du nord.

Il te faut, pour gagner ton pain de chaque soir,
10 Comme un enfant de chœur, jouer de l'encensoir,
Chanter des *Te Deum*[1] auxquels tu ne crois guère,

Ou, saltimbanque[2] à jeun, étaler tes appas[3]
Et ton rire trempé de pleurs qu'on ne voit pas,
Pour faire épanouir la rate[4] du vulgaire[5].

9 LE MAUVAIS MOINE

Les cloîtres anciens sur leurs grandes murailles
Étalaient en tableaux la sainte Vérité,
Dont l'effet, réchauffant les pieuses entrailles[6],
Tempérait la froideur de leur austérité.

5 En ces temps où du Christ florissaient les semailles,
Plus d'un illustre moine, aujourd'hui peu cité,
Prenant pour atelier le champ des funérailles,
Glorifiait la Mort avec simplicité.

— Mon âme est un tombeau que, mauvais cénobite[7],
10 Depuis l'éternité je parcours et j'habite ;
Rien n'embellit les murs de ce cloître odieux.

---

1. *Te Deum* : chant latin de louange et d'action de grâces.
2. Saltimbanque : personne qui réalise des acrobaties en public.
3. Appas : charmes.
4. Faire épanouir la rate : expression familière et archaïque pour « faire rire ».
5. Du vulgaire : de la foule.
6. Entrailles : ensemble des organes compris dans l'abdomen. Par extension, désigne les organes de la gestation. Par métaphore, désigne la partie la plus intime, le siège des émotions.
7. Cénobite : moine vivant dans une communauté religieuse.

Ô moine fainéant ! quand saurai-je donc faire
Du spectacle vivant de ma triste misère
Le travail de mes mains et l'amour de mes yeux ?

10 L'ENNEMI

Ma jeunesse ne fut qu'un ténébreux orage,
Traversé çà et là par de brillants soleils ;
Le tonnerre et la pluie ont fait un tel ravage,
Qu'il reste en mon jardin bien peu de fruits vermeils[1].

Voilà que j'ai touché l'automne des idées,
Et qu'il faut employer la pelle et les râteaux
Pour rassembler à neuf les terres inondées,
Où l'eau creuse des trous grands comme des tombeaux.

Et qui sait si les fleurs nouvelles que je rêve
Trouveront dans ce sol lavé comme une grève[2]
Le mystique aliment qui ferait leur vigueur ?

– Ô douleur ! ô douleur ! Le Temps mange la vie[3],
Et l'obscur Ennemi qui nous ronge le cœur[4]
Du sang que nous perdons croît et se fortifie !

---

1. Vermeil : d'un ton chaud, tirant vers le rouge.
2. Grève : terrain plat situé au bord de la mer.
3. Le Temps mange la vie : allusion à Cronos, le Titan qui dévora ses propres enfants.
4. Qui nous ronge le cœur : allusion à la punition infligée à Prométhée, enchaîné au sommet du Caucase. Un aigle rongeait son foie, qui repoussait sans cesse.

11 LE GUIGNON

Pour soulever un poids si lourd,
Sisyphe[1], il faudrait ton courage !
Bien qu'on ait du cœur à l'ouvrage,
L'Art est long et le Temps est court[2].

    Loin des sépultures célèbres,
    Vers un cimetière isolé,
    Mon cœur, comme un tambour voilé,
    Va battant des marches funèbres.

    – Maint joyau dort enseveli
    Dans les ténèbres et l'oubli,
    Bien loin des pioches et des sondes ;

    Mainte fleur épanche à regret
    Son parfum doux comme un secret
    Dans les solitudes profondes.

---

1. Sisyphe : personnage de la mythologie grecque, condamné à rouler éternellement un rocher sur une pente, qui retombe une fois parvenu au sommet.
2. L'Art est long et le Temps est court : traduction d'une maxime du Grec Hippocrate.

12 LA VIE ANTÉRIEURE

J'ai longtemps habité sous de vastes portiques[1]
Que les soleils marins teignaient de mille feux,
Et que leurs grands piliers, droits et majestueux,
Rendaient pareils, le soir, aux grottes basaltiques[2].

5 Les houles[3], en roulant les images des cieux,
Mêlaient d'une façon solennelle et mystique
Les tout-puissants accords de leur riche musique
Aux couleurs du couchant reflété par mes yeux.

C'est là que j'ai vécu dans les voluptés calmes,
10 Au milieu de l'azur, des vagues, des splendeurs
Et des esclaves nus, tout imprégnés d'odeurs,

Qui me rafraîchissaient le front avec des palmes,
Et dont l'unique soin était d'approfondir
Le secret douloureux qui me faisait languir[4].

13 BOHÉMIENS EN VOYAGE

La tribu prophétique[5] aux prunelles ardentes
Hier s'est mise en route, emportant ses petits
Sur son dos, ou livrant à leurs fiers appétits
Le trésor toujours prêt des mamelles pendantes.

---

1. Portique : galerie soutenue par deux rangées de colonnes. Les philosophes stoïciens, notamment, enseignaient sous un portique à Athènes.
2. Basaltique : qui est formé de basalte, une roche volcanique de couleur noire.
3. Houle : grosses vagues.
4. Languir : dépérir.
5. Prophétique : qui annonce l'avenir.

5 Les hommes vont à pied sous leurs armes luisantes
Le long des chariots où les leurs sont blottis,
Promenant sur le ciel des yeux appesantis
Par le morne regret des chimères absentes.

Du fond de son réduit sablonneux, le grillon,
10 Les regardant passer, redouble sa chanson ;
Cybèle[1], qui les aime, augmente ses verdures,

Fait couler le rocher et fleurir le désert
Devant ces voyageurs, pour lesquels est ouvert
L'empire familier des ténèbres futures.

14 L'HOMME ET LA MER

Homme libre, toujours tu chériras la mer !
La mer est ton miroir ; tu contemples ton âme
Dans le déroulement infini de sa lame,
Et ton esprit n'est pas un gouffre moins amer.

5 Tu te plais à plonger au sein de ton image ;
Tu l'embrasses des yeux et des bras, et ton cœur
Se distrait quelquefois de sa propre rumeur
Au bruit de cette plainte indomptable et sauvage.

Vous êtes tous les deux ténébreux et discrets :
10 Homme, nul n'a sondé le fond de tes abîmes ;
Ô mer, nul ne connaît tes richesses intimes,
Tant vous êtes jaloux de garder vos secrets !

---

1. Cybèle : divinité représentant, dans le monde gréco-romain, la fertilité de la nature.

Et cependant voilà des siècles innombrables
Que vous vous combattez sans pitié ni remord,
15   Tellement vous aimez le carnage et la mort,
Ô lutteurs éternels, ô frères implacables !

15 Don Juan aux Enfers

Quand Don Juan[1] descendit vers l'onde[2] souterraine
Et lorsqu'il eut donné son obole à Charon[3],
Un sombre mendiant, l'œil fier comme Antisthène[4],
D'un bras vengeur et fort saisit chaque aviron.

5   Montrant leurs seins pendants et leurs robes ouvertes,
Des femmes se tordaient sous le noir firmament,
Et, comme un grand troupeau de victimes offertes,
Derrière lui traînaient un long mugissement.

Sganarelle[5] en riant lui réclamait ses gages,
10   Tandis que Don Luis[6] avec un doigt tremblant
Montrait à tous les morts errant sur les rivages
Le fils audacieux qui railla son front blanc.

---

1. Don Juan : personnage mythique représentant le séducteur libertin. Le poème s'inspire de tableaux de Delacroix, *Naufrage de Don Juan* et *La Barque de Dante*.
2. Onde : eau de la mer ou d'un fleuve. Ici, il s'agit de l'Achéron, le fleuve des Enfers dans la mythologie grecque.
3. Charon : dans la mythologie grecque, il faisait traverser l'Achéron au prix d'une contribution en argent.
4. Antisthène : philosophe grec cynique (444-365 av. J.-C.).
5. Sganarelle : valet de Don Juan. Le *Dom Juan* de Molière (1665) s'achève sur ces mots de Sganarelle : « Mes gages, mes gages, mes gages ! »
6. Don Luis : père de Don Juan.

Frissonnant sous son deuil, la chaste et maigre Elvire[1],
Près de l'époux perfide et qui fut son amant,
15 Semblait lui réclamer un suprême sourire
Où brillât la douceur de son premier serment.

Tout droit dans son armure, un grand homme de pierre[2]
Se tenait à la barre et coupait le flot noir ;
Mais le calme héros, courbé sur sa rapière[3],
20 Regardait le sillage et ne daignait rien voir.

16 CHÂTIMENT DE L'ORGUEIL

En ces temps merveilleux où la Théologie[4]
Fleurit avec le plus de sève et d'énergie,
On raconte qu'un jour un docteur des plus grands[5],
— Après avoir forcé les cœurs indifférents ;
5 Les avoir remués dans leurs profondeurs noires ;
Après avoir franchi vers les célestes gloires
Des chemins singuliers à lui-même inconnus,
Où les purs Esprits seuls peut-être étaient venus,
— Comme un homme monté trop haut, pris de panique,

---

1. Elvire : femme de Don Juan.
2. Un grand homme de pierre : la statue du Commandeur représente, dans le mythe de Don Juan, la loi divine qui se rappelle à plusieurs reprises à celui qui défie le Ciel.
3. Rapière : épée longue et effilée.
4. Théologie : étude des questions religieuses. En particulier, doctrine de l'Église sur un point de dogme ou de morale.
5. Le poème est inspiré d'une anecdote rapportée au XIIIe siècle au sujet du chanoine Simon de Tournay, reprise par l'historien et écrivain français Jules Michelet (1798-1874) dans son *Histoire de France*, puis par Saint-René Taillandier dans un article de la *Revue des Deux Mondes* en 1848.

10 S'écria, transporté d'un orgueil satanique :
    « Jésus, petit Jésus ! Je t'ai poussé bien haut !
    Mais, si j'avais voulu t'attaquer au défaut
    De l'armure, ta honte égalerait ta gloire,
    Et tu ne serais plus qu'un fœtus dérisoire ! »

15 Immédiatement sa raison s'en alla.
    L'éclat de ce soleil d'un crêpe [1] se voila ;
    Tout le chaos roula dans cette intelligence,
    Temple autrefois vivant, plein d'ordre et d'opulence [2],
    Sous les plafonds duquel tant de pompe avait lui.
20 Le silence et la nuit s'installèrent en lui,
    Comme dans un caveau dont la clef est perdue.
    Dès lors il fut semblable aux bêtes de la rue,
    Et, quand il s'en allait sans rien voir, à travers
    Les champs, sans distinguer les étés des hivers,
25 Sale, inutile et laid comme une chose usée,
    Il faisait des enfants la joie et la risée.

17 LA BEAUTÉ

Je suis belle, ô mortels ! comme un rêve de pierre,
Et mon sein, où chacun s'est meurtri tour à tour,
Est fait pour inspirer au poète un amour
Éternel et muet ainsi que la matière.

---

1. Crêpe : morceau de tissu compressé, noir lorsqu'on le porte en signe de deuil.
2. Opulence : grande abondance de biens, richesse.

Je trône dans l'azur comme un sphinx[1] incompris ;
J'unis un cœur de neige à la blancheur des cygnes ;
Je hais le mouvement qui déplace les lignes,
Et jamais je ne pleure et jamais je ne ris.

Les poètes, devant mes grandes attitudes,
Que j'ai l'air d'emprunter aux plus fiers monuments,
Consumeront leurs jours en d'austères études ;

Car j'ai, pour fasciner ces dociles amants,
De purs miroirs qui font toutes choses plus belles :
Mes yeux, mes larges yeux aux clartés éternelles !

18 L'IDÉAL

Ce ne seront jamais ces beautés de vignettes[2],
Produits avariés, nés d'un siècle vaurien[3],
Ces pieds à brodequins[4], ces doigts à castagnettes,
Qui sauront satisfaire un cœur comme le mien.

Je laisse à Gavarni[5], poète des chloroses[6],
Son troupeau gazouillant de beautés d'hôpital,
Car je ne puis trouver parmi ces pâles roses
Une fleur qui ressemble à mon rouge idéal.

---

1. Sphinx : dans la mythologie grecque, monstre à tête et buste de femme, à corps de lion ailé, qui tuait les voyageurs ne sachant résoudre l'énigme qu'il leur soumettait.
2. Vignette : petit dessin, souvent marque de fabrique d'un produit.
3. Vaurien : personne peu recommandable.
4. Brodequins : chaussures portées par les acteurs dans les comédies antiques.
5. Gavarni : caricaturiste français (1804-1866).
6. Chlorose : état maladif, résultant du manque de fer, et caractérisé par une pâleur verdâtre de la peau.

Ce qu'il faut à ce cœur profond comme un abîme,
C'est vous, Lady Macbeth[1], âme puissante au crime,
Rêve d'Eschyle[2] éclos au climat des autans[3] ;

Ou bien toi, grande Nuit, fille de Michel-Ange[4],
Qui tors paisiblement dans une pose étrange
Tes appas[5] façonnés aux bouches des Titans[6] !

19 LA GÉANTE

Du temps que la Nature en sa verve puissante
Concevait chaque jour des enfants monstrueux,
J'eusse aimé vivre auprès d'une jeune géante,
Comme aux pieds d'une reine un chat voluptueux.

J'eusse aimé voir son corps fleurir avec son âme
Et grandir librement dans ses terribles jeux ;
Deviner si son cœur couve une sombre flamme
Aux humides brouillards qui nagent dans ses yeux ;

Parcourir à loisir ses magnifiques formes ;
Ramper sur le versant de ses genoux énormes,
Et parfois en été, quand les soleils malsains,

---

1. Lady Macbeth : femme de Macbeth qui, dans la tragédie de Shakespeare (*Macbeth*, 1666), incita son mari à commettre des crimes pour conquérir le pouvoir.
2. Eschyle : poète tragique grec (525-456 av. J.-C.).
3. Autans : au pluriel, désigne des vents violents.
4. Michel-Ange : peintre et sculpteur italien (1475-1564). Le tercet évoque la statue qui orne le tombeau de Julien de Médicis à Florence.
5. Appas : charmes.
6. Titans : fils et filles d'Ouranos et de Gaïa, les Titans sont les parents des dieux de l'Olympe.

Lasse, la font s'étendre à travers la campagne,
Dormir nonchalamment à l'ombre de ses seins,
Comme un hameau paisible au pied d'une montagne.

20 LES BIJOUX[1]

La très chère était nue, et, connaissant mon cœur,
Elle n'avait gardé que ses bijoux sonores,
Dont le riche attirail lui donnait l'air vainqueur
Qu'ont dans leurs jours heureux les esclaves des Mores[2].

5 Quand il jette en dansant son bruit vif et moqueur,
Ce monde rayonnant de métal et de pierre
Me ravit en extase, et j'aime à la fureur
Les choses où le son se mêle à la lumière.

Elle était donc couchée et se laissait aimer,
10 Et du haut du divan elle souriait d'aise
À mon amour profond et doux comme la mer,
Qui vers elle montait comme vers sa falaise.

Les yeux fixés sur moi, comme un tigre dompté,
D'un air vague et rêveur elle essayait des poses,
15 Et la candeur unie à la lubricité[3]
Donnait un charme neuf à ses métamorphoses ;

---

1. Ce poème a sans doute été inspiré par Jeanne Duval et inaugure donc le cycle de poèmes qui lui est consacré. Il fait partie des textes qui firent scandale en 1857, et fut donc exclu de l'édition suivante.
2. Les Mores : population saharienne répartie en de nombreuses tribus. Le mot désignait aussi, en particulier, les musulmans conquérants de l'Espagne.
3. Lubricité : vif penchant pour la sensualité et la luxure.

Et son bras et sa jambe, et sa cuisse et ses reins,
Polis comme de l'huile, onduleux comme un cygne,
Passaient devant mes yeux clairvoyants et sereins ;
Et son ventre et ses seins, ces grappes de ma vigne[1],

S'avançaient, plus câlins que les Anges du mal,
Pour troubler le repos où mon âme était mise,
Et pour la déranger du rocher de cristal
Où, calme et solitaire, elle s'était assise.

Je croyais voir unis par un nouveau dessin
Les hanches de l'Antiope[2] au buste d'un imberbe[3],
Tant sa taille faisait ressortir son bassin
Sur ce teint fauve et brun le fard était superbe !

– Et la lampe s'étant résignée à mourir,
Comme le foyer seul illuminait la chambre,
Chaque fois qu'il poussait un flamboyant soupir,
Il inondait de sang cette peau couleur d'ambre[4] !

---

1. Ce vers fait écho à un verset du *Cantique des cantiques* (VII, 9) : « Que tes seins soient pour moi comme les grappes de la vigne ».
2. Antiope : dans la mythologie grecque, fille du roi de Thèbes, séduite pendant son sommeil par Zeus qui avait pris les traits d'un satyre. Elle a inspiré de nombreux tableaux, dont ceux du Corrège (1489-1534), de Watteau (1684-1721) et d'Ingres (1780-1867).
3. Imberbe : qui n'a pas encore de barbe.
4. Ambre : il s'agit ici d'ambre jaune, une résine fossilisée d'origine végétale.

21 Parfum exotique[1]

Quand, les deux yeux fermés, en un soir chaud d'automne,
Je respire l'odeur de ton sein chaleureux,
Je vois se dérouler des rivages heureux
Qu'éblouissent les feux d'un soleil monotone ;

5 Une île paresseuse où la nature donne
Des arbres singuliers et des fruits savoureux ;
Des hommes dont le corps est mince et vigoureux,
Et des femmes dont l'œil par sa franchise étonne.

Guidé par ton odeur vers de charmants climats,
10 Je vois un port rempli de voiles et de mâts
Encor tout fatigués par la vague marine,

Pendant que le parfum des verts tamariniers[2],
Qui circule dans l'air et m'enfle la narine,
Se mêle dans mon âme au chant des mariniers.

22

Je t'adore à l'égal de la voûte nocturne,
Ô vase de tristesse, ô grande taciturne[3],
Et t'aime d'autant plus, belle, que tu me fuis,
Et que tu me parais, ornement de mes nuits,
5 Plus ironiquement accumuler les lieues
Qui séparent mes bras des immensités bleues.

---

1. Ce poème est inspiré par Jeanne Duval et empreint des souvenirs d'un voyage de Baudelaire à l'île Bourbon, aujourd'hui nommée La Réunion.
2. Tamarinier : grand arbre à feuilles persistantes qui pousse dans les régions tropicales.
3. Taciturne : qui, par nature, parle peu.

Je m'avance à l'attaque, et je grimpe aux assauts,
Comme après un cadavre un chœur de vermisseaux,
Et je chéris, ô bête implacable et cruelle !
10   Jusqu'à cette froideur par où tu m'es plus belle !

23

Tu mettrais l'univers entier dans ta ruelle[1],
Femme impure ! L'ennui rend ton âme cruelle.
Pour exercer tes dents à ce jeu singulier,
Il te faut chaque jour un cœur au râtelier[2].
5   Tes yeux, illuminés ainsi que des boutiques
Et des ifs[3] flamboyants dans les fêtes publiques,
Usent insolemment d'un pouvoir emprunté,
Sans connaître jamais la loi de leur beauté.

Machine aveugle et sourde, en cruautés féconde !
10   Salutaire instrument, buveur du sang du monde,
Comment n'as-tu pas honte et comment n'as-tu pas
Devant tous les miroirs vu pâlir tes appas[4] ?
La grandeur de ce mal où tu te crois savante
Ne t'a donc jamais fait reculer d'épouvante,
15   Quand la nature, grande en ses desseins cachés,
De toi se sert, ô femme, ô reine des péchés,
– De toi, vil animal, – pour pétrir un génie ?

Ô fangeuse[5] grandeur ! sublime ignominie !

---

1. Le poème est sans doute inspiré par une prostituée que connaissait Baudelaire, Sara dite Louchette.
2. Râtelier : lieu où l'on dépose le fourrage pour le bétail.
3. If : arbre à fruits rouges.
4. Appas : charmes.
5. Fangeux(se) : plein(e) de boue. Au sens figuré : abject(e).

24 SED NON SATIATA[1]

Bizarre déité[2], brune comme les nuits,
Au parfum mélangé de musc[3] et de havane[4],
Œuvre de quelque obi[5], le Faust[6] de la savane,
Sorcière au flanc d'ébène[7], enfant des noirs minuits,

5 Je préfère au constance[8], à l'opium[9], au nuits[10],
L'élixir de ta bouche où l'amour se pavane ;
Quand vers toi mes désirs partent en caravane[11],
Tes yeux sont la citerne où boivent mes ennuis.

Par ces deux grands yeux noirs, soupiraux de ton âme,
10 Ô démon sans pitié ! verse-moi moins de flamme ;
Je ne suis pas le Styx[12] pour t'embrasser neuf fois,

---

1. « Mais elle n'est pas assouvie » : la citation est empruntée à la sixième *Satire* du poète latin Juvénal (55-140), et évoque le désir insatiable de l'impératrice romaine Messaline (morte en 48 après J.-C).
2. Déité : déesse, divinité. Le mot est relativement rare.
3. Musc : parfum précieux, d'origine animale.
4. Havane : tabac des dandys.
5. Obi : sorcier.
6. Faust : homme qui, selon la légende, vendit son âme au diable pour satisfaire son désir de connaissance.
7. Ébène : bois noir foncé.
8. Constance : le Constance est un vin récolté au Cap (Afrique du Sud).
9. Opium : drogue que l'on fume, produite à partir du pavot.
10. Nuits : le Nuits-saint-Georges est un vin de Bourgogne.
11. Caravane : dans un sens familier, peut à l'époque être synonyme de «débauche».
12. Styx : dans la mythologie grecque, fleuve faisant neuf fois le tour des Enfers.

Hélas ! et je ne puis, Mégère[1] libertine,
Pour briser ton courage et te mettre aux abois,
Dans l'enfer de ton lit devenir Proserpine[2] !

25

Avec ses vêtements ondoyants et nacrés,
Même quand elle marche on croirait qu'elle danse[3],
Comme ces longs serpents que les jongleurs sacrés[4]
Au bout de leurs bâtons agitent en cadence.

5 Comme le sable morne[5] et l'azur des déserts,
Insensibles tous deux à l'humaine souffrance,
Comme les longs réseaux de la houle[6] des mers,
Elle se développe avec indifférence.

Ses yeux polis sont faits de minéraux charmants,
10 Et dans cette nature étrange et symbolique
Où l'ange inviolé se mêle au sphinx[7] antique,

Où tout n'est qu'or, acier, lumière et diamants,
Resplendit à jamais, comme un astre inutile,
La froide majesté de la femme stérile.

---

1. Mégère : l'une des Érinyes grecques, qui déchaînent leur fureur contre les crimes marqués par la démesure et l'atteinte à la famille ou à l'ordre social.
2. Proserpine : reine des Enfers, à laquelle la Mégère doit se soumettre.
3. Le poème est sans doute inspiré par Jeanne Duval
4. Jongleurs sacrés : il s'agit de psylles, les charmeurs de serpents en Orient.
5. Morne : triste et monotone.
6. Houle : grosses vagues.
7. Sphinx : dans la mythologie grecque, monstre à tête et buste de femme, à corps de lion ailé, qui tuait les voyageurs ne sachant résoudre l'énigme qu'il leur soumettait.

26 LE SERPENT QUI DANSE

Que j'aime voir, chère indolente[1],
    De ton corps si beau,
Comme une étoffe vacillante,
    Miroiter la peau !

Sur ta chevelure profonde
    Aux âcres[2] parfums,
Mer odorante et vagabonde
    Aux flots bleus et bruns,

Comme un navire qui s'éveille
    Au vent du matin,
Mon âme rêveuse appareille
    Pour un ciel lointain.

Tes yeux, où rien ne se révèle
    De doux ni d'amer,
Sont deux bijoux froids où se mêle
    L'or avec le fer.

À te voir marcher en cadence,
    Belle d'abandon,
On dirait un serpent qui danse
    Au bout d'un bâton.

---

1. Indolente : personne qui évite de se donner de la peine, de faire des efforts physiques ou moraux.
2. Âcre : très irritant.

Sous le fardeau de ta paresse
    Ta tête d'enfant
Se balance avec la mollesse
    D'un jeune éléphant,

Et ton corps se penche et s'allonge
    Comme un fin vaisseau
Qui roule bord sur bord et plonge
    Ses vergues[1] dans l'eau.

Comme un flot grossi par la fonte
    Des glaciers grondants,
Quand l'eau de ta bouche remonte
    Au bord de tes dents,

Je crois boire un vin de Bohême,
    Amer et vainqueur,
Un ciel liquide qui parsème
    D'étoiles mon cœur !

27 UNE CHAROGNE[2]

Rappelez-vous l'objet que nous vîmes, mon âme,
    Ce beau matin d'été si doux ;
Au détour d'un sentier une charogne infâme
    Sur un lit semé de cailloux,

---

1. Vergue : longue pièce de bois en forme de croix, servant à fixer et porter la voile.
2. Charogne : corps de bête mort, en état de décomposition.

Les jambes en l'air, comme une femme lubrique[1],
    Brûlante et suant les poisons,
Ouvrait d'une façon nonchalante et cynique[2]
    Son ventre plein d'exhalaisons[3].

Le soleil rayonnait sur cette pourriture,
    Comme afin de la cuire à point,
Et de rendre au centuple à la grande Nature
    Tout ce qu'ensemble elle avait joint ;

Et le ciel regardait la carcasse superbe
    Comme une fleur s'épanouir.
La puanteur était si forte, que sur l'herbe
    Vous crûtes vous évanouir.

Les mouches bourdonnaient sur ce ventre putride[4],
    D'où sortaient de noirs bataillons
De larves, qui coulaient comme un épais liquide
    Le long de ces vivants haillons[5].

Tout cela descendait, montait comme une vague,
    Ou s'élançait en pétillant ;
On eût dit que le corps, enflé d'un souffle vague,
    Vivait en se multipliant.

---

1. Lubrique : qui a un penchant pour la sensualité et la luxure.
2. Cynique : qui exprime des opinions choquant le sens moral, avec une intention de provocation.
3. Exhalaison : odeur.
4. Putride : gagné par la pourriture.
5. Haillon : vêtement en lambeaux.

25 Et ce monde rendait une étrange musique,
Comme l'eau courante et le vent,
Ou le grain qu'un vanneur[1] d'un mouvement rythmique
Agite et tourne dans son van[2].

Les formes s'effaçaient et n'étaient plus qu'un rêve,
30 Une ébauche lente à venir,
Sur la toile oubliée, et que l'artiste achève
Seulement par le souvenir.

Derrière les rochers une chienne inquiète
Nous regardait d'un œil fâché,
35 Épiant le moment de reprendre au squelette
Le morceau qu'elle avait lâché.

— Et pourtant vous serez semblable à cette ordure,
À cette horrible infection,
Étoile de mes yeux, soleil de ma nature,
40 Vous, mon ange et ma passion !

Oui ! telle vous serez, ô la reine des grâces,
Après les derniers sacrements,
Quand vous irez, sous l'herbe et les floraisons grasses,
Moisir parmi les ossements.

45 Alors, ô ma beauté ! dites à la vermine
Qui vous mangera de baisers,
Que j'ai gardé la forme et l'essence divine
De mes amours décomposés !

---

1. Vanneur : métier qui consiste à secouer les grains pour les trier et les nettoyer.
2. Van : panier dont se sert le vanneur.

28 DE PROFUNDIS CLAMAVI[1]

J'implore ta pitié, Toi, l'unique que j'aime,
Du fond du gouffre obscur où mon cœur est tombé.
C'est un univers morne[2] à l'horizon plombé,
Où nagent dans la nuit l'horreur et le blasphème[3] ;

5   Un soleil sans chaleur plane au-dessus six mois,
Et les six autres mois la nuit couvre la terre ;
C'est un pays plus nu que la terre polaire ;
— Ni bêtes, ni ruisseaux, ni verdure, ni bois !

Or il n'est pas d'horreur au monde qui surpasse
10   La froide cruauté de ce soleil de glace
Et cette immense nuit semblable au vieux Chaos[4] ;

Je jalouse le sort des plus vils[5] animaux
Qui peuvent se plonger dans un sommeil stupide,
Tant l'écheveau du temps lentement se dévide[6] !

29 LE VAMPIRE

Toi qui, comme un coup de couteau,
Dans mon cœur plaintif es entrée ;
Toi qui, forte comme un troupeau
De démons, vins, folle et parée,

---

1. « Des profondeurs, j'ai crié » : il s'agit des premiers mots du Psaume 130 de la Bible, « De Profundis », que l'on récite pour un défunt.
2. Morne : triste et monotone.
3. Blasphème : insulte à l'égard d'un dieu ou d'une religion.
4. Chaos : dans la mythologie grecque, l'élément primordial qui précède la création du monde et des dieux.
5. Vil : qui inspire le mépris.
6. Allusion aux Parques, divinités du Destin qui filaient l'écheveau du temps.

De mon esprit humilié
Faire ton lit et ton domaine ;
– Infâme à qui je suis lié
Comme le forçat[1] à la chaîne,

Comme au jeu le joueur têtu,
Comme à la bouteille l'ivrogne,
Comme aux vermines la charogne[2],
– Maudite, maudite sois-tu !

J'ai prié le glaive[3] rapide
De conquérir ma liberté,
Et j'ai dit au poison perfide[4]
De secourir ma lâcheté.

Hélas ! le poison et le glaive
M'ont pris en dédain et m'ont dit :
« Tu n'es pas digne qu'on t'enlève
À ton esclavage maudit,

« Imbécile ! – de son empire
Si nos efforts te délivraient,
Tes baisers ressusciteraient
Le cadavre de ton vampire ! »

---

1. Forçat : bagnard.
2. Charogne : corps de bête mort, en état de décomposition.
3. Glaive : épée de combat, symbole de la justice divine.
4. Perfide : dangereux sans qu'il y paraisse.

30 Le Léthé[1]

Viens sur mon cœur, âme cruelle et sourde,
Tigre adoré, monstre aux airs indolents[2] ;
Je veux longtemps plonger mes doigts tremblants
Dans l'épaisseur de ta crinière lourde ;

5   Dans tes jupons remplis de ton parfum
Ensevelir ma tête endolorie,
Et respirer, comme une fleur flétrie,
Le doux relent[3] de mon amour défunt.

Je veux dormir ! dormir plutôt que vivre !
10 Dans un sommeil aussi doux que la mort,
J'étalerai mes baisers sans remords
Sur ton beau corps poli comme le cuivre.

Pour engloutir mes sanglots apaisés
Rien ne me vaut l'abîme de ta couche ;
15 L'oubli puissant habite sur ta bouche,
Et le Léthé[4] coule dans tes baisers.

À mon destin, désormais mon délice,
J'obéirai comme un prédestiné ;
Martyr docile, innocent condamné,
20 Dont la ferveur attise le supplice,

---

1. Ce poème est l'un des titres condamné au procès de 1857.
2. Indolent : qui évite de se donner de la peine, de faire des efforts physiques ou moraux.
3. Relent : persistance d'une odeur ancienne, en général mauvaise.
4. Léthé : dans la mythologie grecque, fleuve de l'Oubli, dont les âmes des morts devaient boire l'eau.

Je sucerai, pour noyer ma rancœur,
Le népenthès[1] et la bonne ciguë[2]
Aux bouts charmants de cette gorge aiguë,
Qui n'a jamais emprisonné de cœur.

31

Une nuit que j'étais près d'une affreuse Juive[3],
Comme au long d'un cadavre un cadavre étendu,
Je me pris à songer près de ce corps vendu
À la triste beauté[4] dont mon désir se prive.

5 Je me représentai sa majesté native[5],
Son regard de vigueur et de grâces armé,
Ses cheveux qui lui font un casque parfumé,
Et dont le souvenir pour l'amour me ravive.

Car j'eusse avec ferveur baisé ton noble corps,
10 Et depuis tes pieds frais jusqu'à tes noires tresses
Déroulé le trésor des profondes caresses,

Si, quelque soir, d'un pleur obtenu sans effort
Tu pouvais seulement, ô reine des cruelles !
Obscurcir la splendeur de tes froides prunelles.

---

1. Népenthès : dans la mythologie grecque, plante dont on tirait un breuvage magique dissipant la tristesse et la colère.
2. Ciguë : plante très toxique dont on tirait un poison mortel.
3. Juive : il s'agit ici sans doute d'une prostituée que fréquentait Baudelaire, nommée Sara.
4. La triste beauté : l'autre femme est ici vraisemblablement inspirée par Jeanne Duval.
5. Native : innée, donnée à la naissance, naturelle.

32 Remords posthume

Lorsque tu dormiras, ma belle ténébreuse,
Au fond d'un monument construit en marbre noir,
Et lorsque tu n'auras pour alcôve[1] et manoir
Qu'un caveau pluvieux et qu'une fosse creuse ;

5 Quand la pierre, opprimant ta poitrine peureuse
Et tes flancs qu'assouplit un charmant nonchaloir[2],
Empêchera ton cœur de battre et de vouloir,
Et tes pieds de courir leur course aventureuse,

Le tombeau, confident de mon rêve infini
10 (Car le tombeau toujours comprendra le poète[3]),
Durant ces grandes nuits d'où le somme est banni,

Te dira : « Que vous sert, courtisane imparfaite,
De n'avoir pas connu ce que pleurent les morts ? »
– Et le ver rongera ta peau comme un remords.

33 Le chat

Viens, mon beau chat sur mon cœur amoureux ;
    Retiens les griffes de ta patte,
Et laisse-moi plonger dans tes beaux yeux,
    Mêlés de métal et d'agate.

---

1. Alcôve : enfoncement, dans une chambre, où l'on peut placer le lit. Par extension, lieu des rapports amoureux.
2. Nonchaloir : forme archaïque et littéraire pour « nonchalance » : manque d'ardeur, indifférence.
3. Un tombeau est aussi une forme poétique en l'honneur de quelqu'un.

5　　Lorsque mes doigts caressent à loisir
　　　　　Ta tête et ton dos élastique,
　　Et que ma main s'enivre du plaisir
　　　　　De palper ton corps électrique,

　　Je vois ma femme en esprit. Son regard,
10　　　Comme le tien, aimable bête,
　　Profond et froid, coupe et fend comme un dard[1],

　　　　Et, des pieds jusques à la tête,
　　Un air subtil, un dangereux parfum
　　　　Nagent autour de son corps brun.

34 LE BALCON

Mère des souvenirs, maîtresse des maîtresses,
Ô toi, tous mes plaisirs ! ô toi, tous mes devoirs !
Tu te rappelleras la beauté des caresses,
La douceur du foyer et le charme des soirs,
5　Mère des souvenirs, maîtresse des maîtresses !

Les soirs illuminés par l'ardeur du charbon,
Et les soirs au balcon, voilés de vapeurs roses.
Que ton sein m'était doux ! que ton cœur m'était bon !
Nous avons dit souvent d'impérissables choses
10　Les soirs illuminés par l'ardeur du charbon.

---

1. Dard : lance.

Que les soleils sont beaux dans les chaudes soirées !
Que l'espace est profond ! que le cœur est puissant !
En me penchant vers toi, reine des adorées,
Je croyais respirer le parfum de ton sang.
15   Que les soleils sont beaux dans les chaudes soirées !

La nuit s'épaississait ainsi qu'une cloison,
Et mes yeux dans le noir devinaient tes prunelles,
Et je buvais ton souffle, ô douceur ! ô poison !
Et tes pieds s'endormaient dans mes mains fraternelles.
20   La nuit s'épaississait ainsi qu'une cloison.

Je sais l'art d'évoquer les minutes heureuses,
Et revis mon passé blotti dans tes genoux.
Car à quoi bon chercher tes beautés langoureuses
Ailleurs qu'en ton cher corps et qu'en ton cœur si doux ?
25   Je sais l'art d'évoquer les minutes heureuses !

Ces serments, ces parfums, ces baisers infinis,
Renaîtront-ils d'un gouffre interdit à nos sondes[1],
Comme montent au ciel les soleils rajeunis
Après s'être lavés au fond des mers profondes ?
30   – Ô serments ! ô parfums ! ô baisers infinis !

35

Je te donne ces vers afin que si mon nom
Aborde heureusement aux époques lointaines,
Et fait rêver un soir les cervelles humaines,
Vaisseau favorisé par un grand aquilon[2],

---

1. Sonde : instrument destiné à mesurer la profondeur de l'eau.
2. Aquilon : vent violent du Nord.

5   Ta mémoire, pareille aux fables incertaines,
    Fatigue le lecteur ainsi qu'un tympanon[1],
    Et par un fraternel et mystique chaînon
    Reste comme pendue à mes rimes hautaines ;

    Être maudit à qui, de l'abîme profond
10 Jusqu'au plus haut du ciel, rien, hors moi, ne répond !
    — Ô toi qui, comme une ombre à la trace éphémère,

    Foules d'un pied léger et d'un regard serein
    Les stupides mortels qui t'ont jugée amère,
    Statue aux yeux de jais[2], grand ange au front d'airain[3] !

36 Tout entière[4]

    Le Démon, dans ma chambre haute,
    Ce matin est venu me voir,
    Et, tâchant de me prendre en faute,
    Me dit : « Je voudrais bien savoir,

5   « Parmi toutes les belles choses
    Dont est fait son enchantement,
    Parmi les objets noirs ou roses
    Qui composent son corps charmant,

---

1. Tympanon : instrument à cordes qu'on frappe avec deux petits maillets.
2. Jais : d'un noir luisant.
3. Airain : en bronze.
4. Ce poème peut être inspiré par Madame Sabatier, avec qui Baudelaire a entretenu une liaison.

« Quel est le plus doux. » – Ô mon âme !
Tu répondis à l'Abhorré[1] :
« Puisqu'en Elle tout est dictame[2],
Rien ne peut être préféré.

« Lorsque tout me ravit, j'ignore
Si quelque chose me séduit.
Elle éblouit comme l'Aurore
Et console comme la Nuit ;

« Et l'harmonie est trop exquise,
Qui gouverne tout son beau corps,
Pour que l'impuissante analyse
En note les nombreux accords.

« Ô métamorphose mystique
De tous mes sens fondus en un !
Son haleine fait la musique,
Comme sa voix fait le parfum ! »

37

Que diras-tu ce soir, pauvre âme solitaire,
Que diras-tu, mon cœur, cœur autrefois flétri,
À la très belle, à la très bonne, à la très chère,
Dont le regard divin t'a soudain refleuri ?

– Nous mettrons notre orgueil à chanter ses louanges :
Rien ne vaut la douceur de son autorité ;
Sa chair spirituelle a le parfum des Anges,
Et son œil nous revêt d'un habit de clarté.

---

1. Abhorré : détesté au plus haut point. Il s'agit ici du Diable.
2. Dictame : baume adoucissant les souffrances.

Que ce soit dans la nuit et dans la solitude,
Que ce soit dans la rue et dans la multitude,
Son fantôme dans l'air danse comme un flambeau.

Parfois il parle et dit : « Je suis belle, et j'ordonne
Que pour l'amour de moi vous n'aimiez que le Beau ;
Je suis l'Ange gardien, la Muse[1] et la Madone[2]. »

38 LE FLAMBEAU VIVANT[3]

Ils marchent devant moi, ces Yeux pleins de lumières[4],
Qu'un Ange très savant a sans doute aimantés ;
Ils marchent, ces divins frères qui sont mes frères,
Secouant dans mes yeux leurs feux diamantés.

Me sauvant de tout piège et de tout péché grave,
Ils conduisent mes pas dans la route du Beau ;
Ils sont mes serviteurs et je suis leur esclave ;
Tout mon être obéit à ce vivant flambeau.

Charmants Yeux, vous brillez de la clarté mystique
Qu'ont les cierges brûlant en plein jour ; le soleil
Rougit, mais n'éteint pas leur flamme fantastique ;

Ils célèbrent la Mort, vous chantez le Réveil ;
Vous marchez en chantant le réveil de mon âme,
Astres dont nul soleil ne peut flétrir la flamme !

---
1. Muse : l'inspiratrice.
2. Madone : la Vierge, mère de l'Enfant Jésus.
3. Ce poème a d'abord été adressé à Madame Sabatier.
4. Yeux pleins de lumières : cette image est fréquente dans la poésie pétrarquiste.

39 À CELLE QUI EST TROP GAIE[1]

Ta tête, ton geste, ton air
Sont beaux comme un beau paysage ;
Le rire joue en ton visage
Comme un vent frais dans un ciel clair.

5 Le passant chagrin que tu frôles
Est ébloui par la santé
Qui jaillit comme une clarté
De tes bras et de tes épaules.

Les retentissantes couleurs
10 Dont tu parsèmes tes toilettes
Jettent dans l'esprit des poètes
L'image d'un ballet de fleurs.

Ces robes folles sont l'emblème
De ton esprit bariolé ;
15 Folle dont je suis affolé,
Je te hais autant que je t'aime !

Quelquefois dans un beau jardin
Où je traînais mon atonie[2],
J'ai senti, comme une ironie,
20 Le soleil déchirer mon sein ;

---

1. Poème condamné au procès de 1857, adressé d'abord à Madame Sabatier, mais peut-être inspiré par Marie Daubrun.
2. Atonie : manque d'énergie.

Et le printemps et la verdure
Ont tant humilié mon cœur,
Que j'ai puni sur une fleur
L'insolence de la Nature.

25　Ainsi je voudrais, une nuit,
Quand l'heure des voluptés[1] sonne,
Vers les trésors de ta personne,
Comme un lâche, ramper sans bruit,

Pour châtier ta chair joyeuse,
30　Pour meurtrir ton sein pardonné,
Et faire à ton flanc étonné
Une blessure large et creuse,

Et, vertigineuse douceur !
À travers ces lèvres nouvelles,
35　Plus éclatantes et plus belles,
T'infuser mon venin, ma sœur !

40 RÉVERSIBILITÉ[2]

Ange plein de gaieté, connaissez-vous l'angoisse,
La honte, les remords, les sanglots, les ennuis,
Et les vagues terreurs de ces affreuses nuits
Qui compriment le cœur comme un papier qu'on froisse ?
5　Ange plein de gaieté, connaissez-vous l'angoisse ?

---

1. Volupté : plaisir sensuel.
2. Le poème a été adressé à Madame Sabatier.

Ange plein de bonté, connaissez-vous la haine,
Les poings crispés dans l'ombre et les larmes de fiel[1],
Quand la Vengeance bat son infernal rappel,
Et de nos facultés se fait le capitaine ?
Ange plein de bonté, connaissez-vous la haine ?

Ange plein de santé, connaissez-vous les Fièvres,
Qui le long des grands murs de l'hospice blafard[2],
Comme des exilés, s'en vont d'un pied traînard,
Cherchant le soleil rare et remuant les lèvres ?
Ange plein de santé, connaissez-vous les Fièvres ?

Ange plein de beauté, connaissez-vous les rides,
Et la peur de vieillir, et ce hideux tourment
De lire la secrète horreur du dévouement
Dans des yeux où longtemps burent nos yeux avides ?
Ange plein de beauté, connaissez-vous les rides ?

Ange plein de bonheur, de joie et de lumières,
David[3] mourant aurait demandé la santé
Aux émanations de ton corps enchanté ;
Mais de toi je n'implore, ange, que tes prières,
Ange plein de bonheur, de joie et de lumières !

---

1. **Fiel** : amertume.
2. **Blafard** : pâle et sans éclat.
3. **David** : dans la Bible, roi du peuple d'Israël.

41 Confession[1]

Une fois, une seule, aimable et douce femme,
    À mon bras votre bras poli
S'appuya (sur le fond ténébreux de mon âme
    Ce souvenir n'est point pâli) ;

Il était tard ; ainsi qu'une médaille neuve
    La pleine lune s'étalait,
Et la solennité de la nuit, comme un fleuve,
    Sur Paris dormant ruisselait.

Et le long des maisons, sous les portes cochères,
    Des chats passaient furtivement,
L'oreille au guet, ou bien, comme des ombres chères,
    Nous accompagnaient lentement.

Tout à coup, au milieu de l'intimité libre
    Éclose à la pâle clarté,
De vous, riche et sonore instrument où ne vibre
    Que la radieuse gaieté[2],

De vous, claire et joyeuse ainsi qu'une fanfare
    Dans le matin étincelant,
Une note plaintive, une note bizarre
    S'échappa, tout en chancelant

---

1. Le poème a été adressé à Madame Sabatier.
2. La radieuse gaieté : le poète prend ici le contrepoint du poème 39, « À celle qui est trop gaie ».

Comme une enfant chétive, horrible, sombre, immonde,
　　　　Dont sa famille rougirait,
Et qu'elle aurait longtemps, pour la cacher au monde,
　　　　Dans un caveau mise au secret.

25　Pauvre ange, elle chantait, votre note criarde :
　　　　« Que rien ici-bas n'est certain,
Et que toujours, avec quelque soin qu'il se farde[1],
　　　　Se trahit l'égoïsme humain ;

« Que c'est un dur métier que d'être belle femme,
30　　　　Et que c'est le travail banal
De la danseuse folle et froide qui se pâme[2]
　　　　Dans un sourire machinal ;

« Que bâtir sur les cœurs est une chose sotte ;
　　　　Que tout craque, amour et beauté,
35　Jusqu'à ce que l'Oubli les jette dans sa hotte
　　　　Pour les rendre à l'Éternité ! »

J'ai souvent évoqué cette lune enchantée,
　　　　Ce silence et cette langueur,
Et cette confidence horrible chuchotée
40　　　　Au confessionnal du cœur.

---

1. Se farde : se maquille.
2. Se pâme : s'évanouit.

42 L'AUBE SPIRITUELLE [1]

Quand chez les débauchés l'aube blanche et vermeille [2]
Entre en société de l'Idéal rongeur,
Par l'opération d'un mystère vengeur
Dans la brute assoupie un ange se réveille.

5 Des Cieux Spirituels l'inaccessible azur,
Pour l'homme terrassé qui rêve encore et souffre,
S'ouvre et s'enfonce avec l'attirance du gouffre.
Ainsi, chère Déesse, Être lucide et pur,

Sur les débris fumeux des stupides orgies [3]
10 Ton souvenir plus clair, plus rose, plus charmant,
À mes yeux agrandis voltige incessamment.

Le soleil a noirci la flamme des bougies ;
Ainsi, toujours vainqueur, ton fantôme est pareil,
Âme resplendissante, à l'immortel soleil !

43 HARMONIE DU SOIR

Voici venir les temps où vibrant sur sa tige
Chaque fleur s'évapore ainsi qu'un encensoir [4] ;
Les sons et les parfums tournent dans l'air du soir ;
Valse mélancolique et langoureux vertige !

---

1. Le poème a d'abord été adressé à Madame Sabatier.
2. Vermeille : d'un rouge vif et léger.
3. Orgies : festivités marquées par les excès et la débauche. Plus particulièrement : excès de plaisir.
4. Encensoir : objet dans lequel on brûle l'encens.

5   Chaque fleur s'évapore ainsi qu'un encensoir ;
    Le violon frémit comme un cœur qu'on afflige ;
    Valse mélancolique et langoureux vertige !
    Le ciel est triste et beau comme un grand reposoir.

    Le violon frémit comme un cœur qu'on afflige,
10 Un cœur tendre, qui hait le néant vaste et noir !
    Le ciel est triste et beau comme un grand reposoir ;
    Le soleil s'est noyé dans son sang qui se fige.

    Un cœur tendre, qui hait le néant vaste et noir,
    Du passé lumineux recueille tout vestige !
15 Le soleil s'est noyé dans son sang qui se fige…
    Ton souvenir en moi luit comme un ostensoir[1] !

44 LE FLACON

   Il est de forts parfums pour qui toute matière
   Est poreuse[2]. On dirait qu'ils pénètrent le verre.
   En ouvrant un coffret venu de l'Orient
   Dont la serrure grince et rechigne en criant,

5 Ou dans une maison déserte quelque armoire
   Pleine de l'âcre[3] odeur des temps, poudreuse et noire,
   Parfois on trouve un vieux flacon qui se souvient,
   D'où jaillit toute vive une âme qui revient.

---

1. Ostensoir : dans le culte chrétien, objet permettant d'exposer l'hostie en vue de son adoration par les fidèles.
2. Poreuse : perméable.
3. Âcre : très irritant.

Mille pensers dormaient, chrysalides[1] funèbres,
Frémissant doucement dans les lourdes ténèbres,
Qui dégagent leur aile et prennent leur essor,
Teintés d'azur, glacés de rose, lamés d'or.

Voilà le souvenir enivrant qui voltige
Dans l'air troublé ; les yeux se ferment ; le Vertige
Saisit l'âme vaincue et la pousse à deux mains
Vers un gouffre obscurci des miasmes[2] humains ;

Il la terrasse au bord du gouffre séculaire,
Où, Lazare[3] odorant déchirant son suaire[4],
Se meut dans son réveil le cadavre spectral
D'un vieil amour ranci[5], charmant et sépulcral[6].

Ainsi, quand je serai perdu dans la mémoire
Des hommes, dans le coin d'une sinistre armoire
Quand on m'aura jeté, vieux flacon désolé,
Décrépit, poudreux, sale, abject, visqueux, fêlé,

Je serai ton cercueil, aimable pestilence[7] !
Le témoin de ta force et de ta virulence,
Cher poison préparé par les anges ! liqueur
Qui me ronge, ô la vie et la mort de mon cœur !

---

1. Chrysalide : enveloppe de la chenille, qui précède la transformation en papillon.
2. Miasmes : émanations propageant les maladies infectieuses et les épidémies.
3. Lazare : personnage de la Bible, ressuscité par Jésus.
4. Suaire : linceul.
5. Ranci : qui a pris une odeur et un goût âcres.
6. Sépulcral : relatif au tombeau.
7. Pestilence : odeur infecte.

45 LE POISON[1]

Le vin sait revêtir le plus sordide bouge[2]
    D'un luxe miraculeux,
Et fait surgir plus d'un portique[3] fabuleux
    Dans l'or de sa vapeur rouge,
Comme un soleil couchant dans un ciel nébuleux.

L'opium[4] agrandit ce qui n'a pas de bornes,
    Allonge l'illimité,
Approfondit le temps, creuse la volupté[5],
    Et de plaisirs noirs et mornes[6]
Remplit l'âme au-delà de sa capacité.

Tout cela ne vaut pas le poison qui découle
    De tes yeux, de tes yeux verts,
Lacs où mon âme tremble et se voit à l'envers...
    Mes songes viennent en foule
Pour se désaltérer à ces gouffres amers.

Tout cela ne vaut pas le terrible prodige
    De ta salive qui mord,
Qui plonge dans l'oubli mon âme sans remords,
    Et, charriant le vertige,
La roule défaillante aux rives de la mort !

---

1. Premier poème d'une série inspirée par Marie Daubrun, actrice avec laquelle Baudelaire a entretenu une brève liaison.
2. Bouge : cabaret mal famé.
3. Portique : galerie soutenue par deux rangées de colonnes.
4. Opium : drogue produite à partir du pavot.
5. Volupté : plaisir sensuel.
6. Morne : triste et monotone.

46 CIEL BROUILLÉ[1]

On dirait ton regard d'une vapeur couvert ;
Ton œil mystérieux (est-il bleu, gris ou vert ?)
Alternativement tendre, rêveur, cruel,
Réfléchit l'indolence[2] et la pâleur du ciel.

5 Tu rappelles ces jours blancs, tièdes et voilés,
Qui font se fondre en pleurs les cœurs ensorcelés,
Quand, agités d'un mal inconnu qui les tord,
Les nerfs trop éveillés raillent l'esprit qui dort.

Tu ressembles parfois à ces beaux horizons
10 Qu'allument les soleils des brumeuses saisons...
Comme tu resplendis, paysage mouillé
Qu'enflamment les rayons tombant d'un ciel brouillé !

Ô femme dangereuse, ô séduisants climats !
Adorerai-je aussi ta neige et vos frimas[3],
15 Et saurai-je tirer de l'implacable hiver
Des plaisirs plus aigus que la glace et le fer ?

---

1. Poème inspiré par Marie Daubrun.
2. Indolence : façon d'éviter de se donner de la peine ou de faire des efforts physiques ou moraux.
3. Frimas : brouillard épais et givrant.

47 LE CHAT

I

Dans ma cervelle se promène,
Ainsi qu'en son appartement,
Un beau chat, fort, doux et charmant.
Quand il miaule, on l'entend à peine,

Tant son timbre est tendre et discret ;
Mais que sa voix s'apaise ou gronde,
Elle est toujours riche et profonde.
C'est là son charme et son secret.

Cette voix, qui perle et qui filtre
Dans mon fonds le plus ténébreux,
Me remplit comme un vers nombreux
Et me réjouit comme un philtre[1].

Elle endort les plus cruels maux
Et contient toutes les extases ;
Pour dire les plus longues phrases,
Elle n'a pas besoin de mots.

Non, il n'est pas d'archet qui morde
Sur mon cœur, parfait instrument,
Et fasse plus royalement
Chanter sa plus vibrante corde,

---

1. Philtre : breuvage magique.

Que ta voix, chat mystérieux,
Chat séraphique[1], chat étrange,
En qui tout est, comme en un ange,
Aussi subtil qu'harmonieux !

II

De sa fourrure blonde et brune
Sort un parfum si doux, qu'un soir
J'en fus embaumé, pour l'avoir
Caressée une fois, rien qu'une.

C'est l'esprit familier du lieu ;
Il juge, il préside, il inspire
Toutes choses dans son empire ;
Peut-être est-il fée, est-il dieu ?

Quand mes yeux, vers ce chat que j'aime
Tirés comme par un aimant,
Se retournent docilement
Et que je regarde en moi-même,

Je vois avec étonnement
Le feu de ses prunelles pâles,
Clairs fanaux[2], vivantes opales[3],
Qui me contemplent fixement.

---

1. Séraphique : qui évoque la pureté des anges.
2. Fanal(aux) : phare(s), lanterne(s).
3. Opale : pierre semi-précieuse.

48 LE BEAU NAVIRE[1]

Je veux te raconter, ô molle enchanteresse !
Les diverses beautés qui parent ta jeunesse ;
    Je veux te peindre ta beauté,
Où l'enfance s'allie à la maturité.

5 Quand tu vas balayant l'air de ta jupe large,
Tu fais l'effet d'un beau vaisseau qui prend le large,
    Chargé de toile, et va roulant
Suivant un rythme doux, et paresseux, et lent.

Sur ton cou large et rond, sur tes épaules grasses,
10 Ta tête se pavane[2] avec d'étranges grâces ;
    D'un air placide[3] et triomphant
Tu passes ton chemin, majestueuse enfant.

Je veux te raconter, ô molle enchanteresse !
Les diverses beautés qui parent ta jeunesse ;
15   Je veux te peindre ta beauté,
Où l'enfance s'allie à la maturité.

Ta gorge qui s'avance et qui pousse la moire[4],
Ta gorge triomphante est une belle armoire
    Dont les panneaux bombés et clairs
20 Comme les boucliers accrochent des éclairs ;

---

1. Le poème évoque précisément Marie Daubrun.
2. Se pavane : qui a un maintien fier et orgueilleux.
3. Placide : paisible.
4. Moire : tissu alternant des parties mates et brillantes.

Boucliers provocants, armés de pointes roses !
Armoire à doux secrets, pleine de bonnes choses,
      De vins, de parfums, de liqueurs
Qui feraient délirer les cerveaux et les cœurs !

25 Quand tu vas balayant l'air de ta jupe large,
Tu fais l'effet d'un beau vaisseau qui prend le large,
      Chargé de toile, et va roulant
Suivant un rythme doux, et paresseux, et lent.

Tes nobles jambes, sous les volants qu'elles chassent,
30 Tourmentent les désirs obscurs et les agacent,
      Comme deux sorcières qui font
Tourner un philtre[1] noir dans un vase profond.

Tes bras, qui se joueraient des précoces hercules[2],
Sont des boas luisants les solides émules[3],
35   Faits pour serrer obstinément,
Comme pour l'imprimer dans ton cœur, ton amant.

Sur ton cou large et rond, sur tes épaules grasses,
Ta tête se pavane avec d'étranges grâces ;
      D'un air placide et triomphant
40 Tu passes ton chemin, majestueuse enfant.

---

1. Philtre : breuvage magique.
2. Hercule : demi-dieu romain qui accomplit de nombreux exploits grâce à sa force et son courage.
3. Émule : personne qui cherche à égaler quelqu'un ou quelque chose de louable.

49 L'INVITATION AU VOYAGE[1]

Mon enfant, ma sœur,
Songe à la douceur
D'aller là-bas vivre ensemble !
Aimer à loisir,
Aimer et mourir
Au pays qui te ressemble !
Les soleils mouillés
De ces ciels brouillés
Pour mon esprit ont les charmes
Si mystérieux
De tes traîtres yeux,
Brillant à travers leurs larmes.

Là, tout n'est qu'ordre et beauté,
Luxe, calme et volupté.

Des meubles luisants,
Polis par les ans,
Décoreraient notre chambre ;
Les plus rares fleurs
Mêlant leurs odeurs
Aux vagues senteurs de l'ambre[2],
Les riches plafonds,
Les miroirs profonds,
La splendeur orientale,
Tout y parlerait
À l'âme en secret
Sa douce langue natale.

---
1. Le poème est inspiré par Marie Daubrun.
2. **Ambre** : parfum précieux, d'origine animale, et très odorant.

Là, tout n'est qu'ordre et beauté,
Luxe, calme et volupté.

    Vois sur ces canaux
    Dormir ces vaisseaux
Dont l'humeur est vagabonde ;
    C'est pour assouvir
    Ton moindre désir
Qu'ils viennent du bout du monde.
    — Les soleils couchants
    Revêtent les champs,
Les canaux, la ville entière,
    D'hyacinthe[1] et d'or ;
    Le monde s'endort
Dans une chaude lumière.

Là tout n'est qu'ordre et beauté,
Luxe, calme et volupté.

50 L'IRRÉPARABLE[2]

Pouvons-nous étouffer le vieux, le long Remords,
    Qui vit, s'agite et se tortille,
Et se nourrit de nous comme le ver des morts,
    Comme du chêne la chenille ?
Pouvons-nous étouffer l'implacable Remords ?

---

1. Hyacinthe : substance précieuse, utilisée dans la liturgie biblique, de couleur bleue tirant sur le violet.
2. Le titre initial était « À la Belle aux cheveux d'or », en référence à un rôle joué au théâtre par Marie Daubrun.

Dans quel philtre[1], dans quel vin, dans quelle tisane,
    Noierons-nous ce vieil ennemi,
Destructeur et gourmand comme la courtisane,
    Patient comme la fourmi ?
Dans quel philtre ? – dans quel vin ? – dans quelle tisane ?

Dis-le, belle sorcière, oh ! dis, si tu le sais,
    À cet esprit comblé d'angoisse
Et pareil au mourant qu'écrasent les blessés,
    Que le sabot du cheval froisse,
Dis-le, belle sorcière, oh ! dis, si tu le sais,

À cet agonisant[2] que le loup déjà flaire
    Et que surveille le corbeau,
À ce soldat brisé ! s'il faut qu'il désespère
    D'avoir sa croix et son tombeau ;
Ce pauvre agonisant que déjà le loup flaire !

Peut-on illuminer un ciel bourbeux[3] et noir ?
    Peut-on déchirer des ténèbres
Plus denses que la poix[4], sans matin et sans soir,
    Sans astres, sans éclairs funèbres ?
Peut-on illuminer un ciel bourbeux et noir ?

L'Espérance qui brille aux carreaux de l'Auberge
    Est soufflée, est morte à jamais !
Sans lune et sans rayons, trouver où l'on héberge

---

1. **Philtre** : breuvage magique.
2. **Agonisant** : mourant.
3. **Bourbeux** : comme plein de boue.
4. **Poix** : matière visqueuse à base de résine de bois.

Les martyrs d'un chemin mauvais !
Le Diable a tout éteint aux carreaux de l'Auberge !

Adorable sorcière, aimes-tu les damnés ?
    Dis, connais-tu l'irrémissible[1] ?
Connais-tu le Remords, aux traits empoisonnés,
    À qui notre cœur sert de cible ?
Adorable sorcière, aimes-tu les damnés ?

L'irréparable ronge avec sa dent maudite
    Notre âme, piteux monument,
Et souvent il attaque, ainsi que le termite[2],
    Par la base le bâtiment.
L'irréparable ronge avec sa dent maudite !

J'ai vu parfois, au fond d'un théâtre banal
    Qu'enflammait l'orchestre sonore,
Une fée allumer dans un ciel infernal
    Une miraculeuse aurore ;
J'ai vu parfois au fond d'un théâtre banal

Un être, qui n'était que lumière, or et gaze[3],
    Terrasser l'énorme Satan ;
Mais mon cœur, que jamais ne visite l'extase,
    Est un théâtre où l'on attend
Toujours, toujours en vain, l'Être aux ailes de gaze !

---

1. **Irrémissible** : impardonnable.
2. **Termite** : insecte rongeant de l'intérieur les pièces de bois.
3. **Gaze** : tissu léger et transparent.

51 CAUSERIE[1]

Vous êtes un beau ciel d'automne, clair et rose !
Mais la tristesse en moi monte comme la mer,
Et laisse, en refluant, sur ma lèvre morose
Le souvenir cuisant de son limon[2] amer.

5 — Ta main se glisse en vain sur mon sein qui se pâme ;
Ce qu'elle cherche, amie, est un lieu saccagé
Par la griffe et la dent féroce de la femme.
Ne cherchez plus mon cœur ; les bêtes l'ont mangé.

Mon cœur est un palais flétri par la cohue[3] ;
10 On s'y soûle, on s'y tue, on s'y prend aux cheveux !
— Un parfum nage autour de votre gorge nue !…
Ô Beauté, dur fléau des âmes, tu le veux !
Avec tes yeux de feu, brillants comme des fêtes,
Calcine ces lambeaux qu'ont épargnés les bêtes !

52 L'HÉAUTONTIMOROUMÉNOS[4]

À J. G. F[5].

Je te frapperai sans colère
Et sans haine, comme un boucher,
Comme Moïse[6] le rocher !
Et je ferai de ta paupière,

---

1. Le poème était adressé à Marie Daubrun.
2. Limon : terre entraînée par les eaux et déposée sur les rives des fleuves.
3. Cohue : foule.
4. Transcription d'une expression grecque renvoyant au fait d'être « le bourreau de soi-même » : titre d'une comédie du poète latin Térence (190-159 av. J.-C.).
5. On ignore le sens exact de cette dédicace. Le poète peut avoir été inspiré par Jeanne Duval aussi bien que par Marie Daubrun.
6. Moïse : prophète fondateur de la religion juive.

Pour abreuver mon Sahara,
Jaillir les eaux de la souffrance.
Mon désir gonflé d'espérance
Sur tes pleurs salés nagera

Comme un vaisseau qui prend le large,
Et dans mon cœur qu'ils soûleront
Tes chers sanglots retentiront
Comme un tambour qui bat la charge !

Ne suis-je pas un faux accord
Dans la divine symphonie,
Grâce à la vorace Ironie
Qui me secoue et qui me mord ?

Elle est dans ma voix criarde !
C'est tout mon sang, ce poison noir !
Je suis le sinistre miroir.
Où la mégère[1] se regarde !

Je suis la plaie et le couteau !
Je suis le soufflet[2] et la joue !
Je suis les membres et la roue,
Et la victime et le bourreau !

Je suis de mon cœur le vampire,
– Un de ces grands abandonnés
Au rire éternel condamnés,
Et qui ne peuvent plus sourire !

---

1. Mégère : femme acariâtre et méchante.
2. Soufflet : gifle.

53 FRANCISCÆ MEÆ LAUDES

VERS COMPOSÉS POUR UNE MODISTE ÉRUDITE ET DÉVOTE [1]

Novis te cantabo chordis,
O novelletum quod ludis
In solitudine cordis.

Esto sertis implicata,
O femina delicata
Per quam solvuntur peccata !

Sicut beneficum Lethe,
Hauriam oscula de te,
Quæ imbuta es magnete.

Quum vitiorum tempestas
Turbabat omnes semitas
Apparuisti, Deitas,

Velut stella salutaris
In nafragiis amaris…
Suspendam cor tuis aris !

Piscina plena virtutis,
Fons æternæ juventutis,
Labris vocem redde mutis !

---

1. Ce sous-titre apparaît en français dans l'édition de 1857.

Quod erat spurcum, cremasti ;
Quod rudius, exæquasti ;
Quod debile, confirmasti.

In fame mea taberna,
In nocte mea lucerna,
Recte me semper guberna.

Adde nunc vires viribus,
Dulce balneum suavibus
Unguentatum odoribus !

Meos circa lumbos mica,
O castitatis lorica,
Aqua tincta seraphica ;

Patera gemmis corusca,
Panis salsus, mollis esca,
Divinum vinum, Francisca !

54 À UNE DAME CRÉOLE [1]

Au pays parfumé que le soleil caresse,
J'ai connu, sous un dais [2] d'arbres tout empourprés [3]
Et de palmiers d'où pleut sur les yeux la paresse,
Une dame créole aux charmes ignorés.

---

1. Dame créole : Baudelaire avait connu Monsieur et Madame Autard de Bragard à l'île Bourbon (aujourd'hui La Réunion). Le poème rend hommage à la beauté de la femme.
2. Dais : enchevêtrement de branchages formant comme un plafond au-dessus d'un autel ou d'une personne.
3. Empourpré : teinté de couleur pourpre.

5   Son teint est pâle et chaud ; la brune enchanteresse
A dans le cou des airs noblement maniérés ;
Grande et svelte en marchant comme une chasseresse,
Son sourire est tranquille et ses yeux assurés.

Si vous alliez, Madame, au vrai pays de gloire,
10   Sur les bords de la Seine ou de la verte Loire[1],
Belle digne d'orner les antiques manoirs,

Vous feriez, à l'abri des ombreuses retraites,
Germer mille sonnets dans le cœur des poètes,
Que vos grands yeux rendraient plus soumis que vos noirs.

55 MŒSTA ET ERRABUNDA[2]

Dis-moi, ton cœur parfois s'envole-t-il, Agathe[3],
Loin du noir océan de l'immonde cité,
Vers un autre océan où la splendeur éclate,
Bleu, clair, profond, ainsi que la virginité ?
5   Dis-moi, ton cœur parfois s'envole-t-il, Agathe ?

La mer, la vaste mer, console nos labeurs[4] !
Quel démon a doté la mer, rauque[5] chanteuse
Qu'accompagne l'immense orgue des vents grondeurs,
De cette fonction sublime de berceuse ?
10   La mer, la vaste mer, console nos labeurs !

---

1. Loire : la Loire évoque sans doute par métonymie la poésie de Ronsard.
2. *Mœsta et errabunda* : « Triste et vagabonde ».
3. Agathe : ce prénom ne renvoie avec certitude à aucune femme fréquentée par Baudelaire à cette époque.
4. Labeur : effort.
5. Rauque : d'une voix rude et éraillée.

Emporte-moi, wagon ! enlève-moi, frégate !
Loin ! loin ! ici la boue est faite de nos pleurs !
— Est-il vrai que parfois le triste cœur d'Agathe
Dise : Loin des remords, des crimes, des douleurs,
15 Emporte-moi, wagon, enlève-moi, frégate ?

Comme vous êtes loin, paradis parfumé,
Où sous un clair azur tout n'est qu'amour et joie,
Où tout ce que l'on aime est digne d'être aimé,
Où dans la volupté pure le cœur se noie !
20 Comme vous êtes loin, paradis parfumé !

Mais le vert paradis des amours enfantines,
Les courses, les chansons, les baisers, les bouquets,
Les violons vibrant derrière les collines,
Avec les brocs de vin, le soir, dans les bosquets,
25 — Mais le vert paradis des amours enfantines,

L'innocent paradis, plein de plaisirs furtifs [1],
Est-il déjà plus loin que l'Inde et que la Chine ?
Peut-on le rappeler avec des cris plaintifs,
Et l'animer encore d'une voix argentine [2],
30 L'innocent paradis plein de plaisirs furtifs ?

---

1. Furtif : bref.
2. Argentine : qui résonne avec la clarté de l'argent.

56 LES CHATS

Les amoureux fervents et les savants austères [1]
Aiment également, dans leur mûre saison,
Les chats puissants et doux, orgueil de la maison,
Qui comme eux sont frileux et comme eux sédentaires [2].

Amis de la science et de la volupté,
Ils cherchent le silence et l'horreur des ténèbres ;
L'Érèbe [3] les eût pris pour ses coursiers funèbres,
S'ils pouvaient au servage [4] incliner leur fierté.

Ils prennent en songeant les nobles attitudes
Des grands sphinx [5] allongés au fond des solitudes,
Qui semblent s'endormir dans un rêve sans fin ;

Leurs reins féconds sont pleins d'étincelles magiques,
Et des parcelles d'or, ainsi qu'un sable fin,
Étoilent vaguement leurs prunelles mystiques.

---

1. Austère : qui ne s'accorde aucun plaisir, aucun luxe.
2. Sédentaire : qui ne quitte pas son domicile. Attaché à un lieu.
3. Érèbe : dans la mythologie grecque, représentation des ténèbres infernales.
4. Servage : esclavage.
5. Sphinx : dans la statuaire égyptienne, lion couché à tête d'homme, de bélier ou d'épervier, représentant une divinité.

57 LES HIBOUX

Sous les ifs[1] noirs qui les abritent,
Les hiboux se tiennent rangés,
Ainsi que des dieux étrangers,
Dardant[2] leur œil rouge. Ils méditent.

Sans remuer ils se tiendront
Jusqu'à l'heure mélancolique
Où, poussant le soleil oblique,
Les ténèbres s'établiront.

Leur attitude au sage enseigne
Qu'il faut en ce monde qu'il craigne
Le tumulte et le mouvement ;

L'homme ivre d'une ombre qui passe
Porte toujours le châtiment
D'avoir voulu changer de place.

58 LA CLOCHE FÊLÉE

Il est amer et doux, pendant les nuits d'hiver,
D'écouter, près du feu qui palpite et qui fume,
Les souvenirs lointains lentement s'élever
Au bruit des carillons qui chantent dans la brume.

---

1. If : Arbre décoratif à fruits rouges.
2. Dardant : lançant.

5   Bienheureuse la cloche au gosier vigoureux
    Qui, malgré sa vieillesse, alerte et bien portante,
    Jette fidèlement son cri religieux,
    Ainsi qu'un vieux soldat qui veille sous la tente !

    Moi, mon âme est fêlée, et lorsqu'en ses ennuis
10 Elle veut de ses chants peupler l'air froid des nuits,
    Il arrive souvent que sa voix affaiblie

    Semble le râle[1] épais d'un blessé qu'on oublie
    Au bord d'un lac de sang, sous un grand tas de morts,
    Et qui meurt, sans bouger, dans d'immenses efforts.

59 SPLEEN[2]

Pluviôse[3], irrité contre la ville entière,
De son urne à grands flots verse un froid ténébreux
Aux pâles habitants du voisin cimetière
Et la mortalité sur les faubourgs brumeux.

5   Mon chat sur le carreau cherchant une litière
Agite sans repos son corps maigre et galeux[4] ;
L'âme d'un vieux poète erre dans la gouttière
Avec la triste voix d'un fantôme frileux.

---

1. Râle : respiration d'un mourant.
2. Spleen : nom d'origine anglaise, désignant une mélancolie sans cause apparente.
3. Pluviôse : cinquième mois du calendrier républicain (correspond à l'actuelle période du 19-20 janvier au 18-19 février).
4. Galeux : portant les traces de la gale, une maladie cutanée provoquant de fortes démangeaisons.

Le bourdon[1] se lamente, et la bûche enfumée
Accompagne en fausset[2] la pendule enrhumée,
Cependant qu'en un jeu plein de sales parfums,

Héritage fatal d'une vieille hydropique[3],
Le beau valet de cœur et la dame de pique
Causent sinistrement de leurs amours défunts.

60 SPLEEN[4]

J'ai plus de souvenirs que si j'avais mille ans.
Un gros meuble à tiroirs encombré de bilans,
De vers, de billets doux, de procès, de romances,
Avec de lourds cheveux roulés dans des quittances[5],
Cache moins de secrets que mon triste cerveau.
C'est une pyramide, un immense caveau,
Qui contient plus de morts que la fosse commune.
– Je suis un cimetière abhorré[6] de la lune,
Où comme des remords se traînent de longs vers
Qui s'acharnent toujours sur mes morts les plus chers.

---

1. **Bourdon** : grosse cloche à son grave.
2. **Fausset** : voix très aiguë.
3. **Hydropique** : personne atteinte d'une maladie gonflant l'abdomen ou les yeux, par accumulation d'humeur aqueuse.
4. **Spleen** : nom d'origine anglaise, désignant une mélancolie sans cause apparente.
5. **Quittance** : écrit attestant l'acquittement d'une dette.
6. **Abhorré** : plus que détesté.

Je suis un vieux boudoir[1] plein de roses fanées,
Où gît un fouillis de modes surannées[2],
Où les pastels plaintifs et les pâles Boucher[3],
Seuls, respirent l'odeur d'un flacon débouché.

Rien n'égale en longueur les boiteuses journées,
Quand sous les lourds flocons des neigeuses années
L'ennui, fruit de la morne[4] incuriosité[5],
Prend les proportions de l'immortalité.
– Désormais tu n'es plus, ô matière vivante !
Qu'un granit[6] entouré d'une vague épouvante,
Assoupi dans le fond d'un Sahara brumeux ;
Un vieux sphinx[7] ignoré du monde insoucieux,
Oublié sur la carte, et dont l'humeur farouche
Ne chante qu'aux rayons du soleil qui se couche.

---

1. Boudoir : petit salon.
2. Surannée : démodée.
3. Boucher : peintre français (1703-1770).
4. Morne : triste et monotone.
5. Incuriosité : absence de curiosité.
6. Granit : roche magmatique.
7. Sphinx : dans la statuaire égyptienne, lion couché à tête d'homme, de bélier ou d'épervier, représentant une divinité.

61 Spleen[1]

Je suis comme le roi d'un pays pluvieux,
Riche, mais impuissant, jeune et pourtant très vieux,
Qui, de ses précepteurs[2] méprisant les courbettes,
S'ennuie avec ses chiens comme avec d'autres bêtes.
5 Rien ne peut l'égayer, ni gibier, ni faucon,
Ni son peuple mourant en face du balcon.
Du bouffon favori la grotesque ballade[3]
Ne distrait plus le front de ce cruel malade ;
Son lit fleurdelisé[4] se transforme en tombeau,
10 Et les dames d'atour[5], pour qui tout prince est beau,
Ne savent plus trouver d'impudique toilette
Pour tirer un souris[6] de ce jeune squelette.
Le savant qui lui fait de l'or n'a jamais pu
De son être extirper l'élément corrompu[7],
15 Et dans ces bains de sang qui des Romains nous viennent[8],
Et dont sur leurs vieux jours les puissants se souviennent,
Il n'a su réchauffer ce cadavre hébété[9]
Où coule au lieu de sang l'eau verte du Léthé[10].

---

1. Spleen : nom d'origine anglaise, désignant une mélancolie sans cause apparente.
2. Précepteur : enseignant.
3. Ballade : chanson.
4. Fleurdelisé : orné de fleurs de lys.
5. Dames d'atour : femmes chargées de la toilette des monarques.
6. Souris : sourire.
7. Corrompu : altéré.
8. Les jeux du cirque.
9. Hébété : abasourdi.
10. Léthé : dans la mythologie grecque, fleuve de l'Oubli. Ici, il renvoie plutôt à l'idée de léthargie, d'absence d'énergie.

62 SPLEEN[1]

Quand le ciel bas et lourd pèse comme un couvercle
Sur l'esprit gémissant en proie aux longs ennuis,
Et que de l'horizon embrassant tout le cercle
Il nous verse un jour noir plus triste que les nuits ;

5 Quand la terre est changée en un cachot humide,
Où l'Espérance, comme une chauve-souris,
S'en va battant les murs de son aile timide
Et se cognant la tête à des plafonds pourris ;

Quand la pluie étalant ses immenses traînées
10 D'une vaste prison imite les barreaux,
Et qu'un peuple muet d'infâmes araignées
Vient tendre ses filets au fond de nos cerveaux,

Des cloches tout à coup sautent avec furie
Et lancent vers le ciel un affreux hurlement,
15 Ainsi que des esprits errants et sans patrie
Qui se mettent à geindre opiniâtrement[2].

— Et de longs corbillards, sans tambours ni musique,
Défilent lentement dans mon âme ; l'Espoir,
Vaincu, pleure, et l'Angoisse atroce, despotique[3],
20 Sur mon crâne incliné plante son drapeau noir.

---

1. Spleen : nom d'origine anglaise, désignant une mélancolie sans cause apparente.
2. Opiniâtrement : obstinément.
3. Despotique : tyrannique.

63 Brumes et pluies

Ô fins d'automne, hivers, printemps trempés de boue
Endormeuses saisons ! je vous aime et vous loue
D'envelopper ainsi mon cœur et mon cerveau
D'un linceul vaporeux et d'un vague tombeau.

5   Dans cette grande plaine où l'autan[1] froid se joue,
Où par les longues nuits la girouette s'enroue,
Mon âme mieux qu'au temps du tiède renouveau
Ouvrira largement ses ailes de corbeau.

Rien n'est plus doux au cœur plein de choses funèbres,
10 Et sur qui dès longtemps descendent les frimas[2],
Ô blafardes saisons, reines de nos climats,

Que l'aspect permanent de vos pâles ténèbres,
– Si ce n'est, par un soir sans lune, deux à deux,
D'endormir la douleur sur un lit hasardeux.

64 L'irrémédiable

I

Une Idée, une Forme, un Être
Parti de l'azur et tombé
Dans un Styx[3] bourbeux[4] et plombé
Où nul œil du Ciel ne pénètre ;

---

1. **Autan** : vent orageux.
2. **Frimas** : brouillard épais givrant.
3. **Styx** : dans la mythologie grecque, fleuve faisant neuf fois le tour des Enfers.
4. **Bourbeux** : plein de boue.

Un Ange, imprudent voyageur
Qu'a tenté l'amour du difforme,
Au fond d'un cauchemar énorme
Se débattant comme un nageur,

Et luttant, angoisses funèbres !
Contre un gigantesque remous
Qui va chantant comme les fous
Et pirouettant dans les ténèbres ;

Un malheureux ensorcelé
Dans ses tâtonnements futiles[1],
Pour fuir d'un lieu plein de reptiles,
Cherchant la lumière et la clé ;

Un damné[2] descendant sans lampe,
Au bord d'un gouffre dont l'odeur
Trahit l'humide profondeur,
D'éternels escaliers sans rampe,

Où veillent des monstres visqueux[3]
Dont les larges yeux de phosphore[4]
Font une nuit plus noire encore
Et ne rendent visibles qu'eux ;

---

1. Futile : vain.
2. Damné : condamné à aller en Enfer.
3. Visqueux : de consistance épaisse et poisseuse, s'écoulant avec difficulté.
4. Phosphore : lumineux dans la nuit.

25 Un navire pris dans le pôle,
Comme en un piège de cristal,
Cherchant par quel détroit fatal
Il est tombé dans cette geôle[1] ;

— Emblèmes nets, tableau parfait
30 D'une fortune irrémédiable,
Qui donne à penser que le Diable
Fait toujours bien tout ce qu'il fait !

II

Tête-à-tête sombre et limpide
Qu'un cœur devenu son miroir !
35 Puits de Vérité, clair et noir,
Où tremble une étoile livide,

Un phare ironique, infernal,
Flambeau des grâces sataniques,
Soulagement et gloire uniques,
40 — La conscience dans le Mal !

65 À UNE MENDIANTE ROUSSE

Blanche fille aux cheveux roux,
Dont la robe par ses trous
Laisse voir la pauvreté
    Et la beauté,

---

1. Geôle : prison.

Pour moi, poète chétif[1],
Ton jeune corps maladif,
Plein de taches de rousseur,
    A sa douceur.

Tu portes plus galamment
Qu'une reine de roman
Ses cothurnes[2] de velours
    Tes sabots lourds.

Au lieu d'un haillon[3] trop court,
Qu'un superbe habit de cour
Traîne à plis bruyants et longs
    Sur tes talons ;

En place de bas troués,
Que pour les yeux des roués[4]
Sur ta jambe un poignard d'or
    Reluise encor ;

Que des nœuds mal attachés
Dévoilent pour nos péchés
Tes deux beaux seins, radieux
    Comme des yeux ;

---

1. Chétif : de faible constitution.
2. Cothurnes : chaussures portées dans les tragédies antiques par les comédiens.
3. Haillon : vieux morceau d'étoffe.
4. Roué : débauché.

25 Que pour te déshabiller
    Tes bras se fassent prier
    Et chassent à coups mutins
        Les doigts lutins[1],

    Perles de la plus belle eau,
30 Sonnets de maître Belleau[2]
    Par tes galants mis aux fers
        Sans cesse offerts,

    Valetaille[3] de rimeurs
    Te dédiant leurs primeurs
35 Et contemplant ton soulier
        Sous l'escalier,

    Maint page épris du hasard,
    Maint seigneur et maint Ronsard[4]
    Épieraient pour le déduit[5]
40   Ton frais réduit !

    Tu compterais dans tes lits
    Plus de baisers que de lis
    Et rangerais sous tes lois
        Plus d'un Valois[6] !

---

1. Lutin : espiègle.
2. Belleau : poète français (1528-1577).
3. Valetaille : ensemble des valets d'une maison.
4. Ronsard : poète français (1524-1585).
5. Déduit : divertissement, jeux amoureux.
6. Valois : branche des Capétiens qui régna en France du XIVe au XVIe siècle.

45 — Cependant tu vas gueusant[1]
Quelque vieux débris gisant
Au seuil de quelque Véfour[2]
　　De carrefour ;

Tu vas lorgnant en dessous
50 Des bijoux de vingt-neuf sous
Dont je ne puis, oh ! pardon !
　　Te faire don.

Va donc, sans autre ornement,
Parfum, perles, diamant,
55 Que ta maigre nudité,
　　Ô ma beauté !

66 Le jeu[3]

Dans des fauteuils fanés des courtisanes vieilles,
Pâles, le sourcil peint, l'œil câlin et fatal,
Minaudant[4], et faisant de leurs maigres oreilles
Tomber un cliquetis de pierre et de métal ;

---

1. Gueusant : mendiant.
2. Véfour : grand restaurant parisien.
3. Le poème s'inspire d'une estampe décrite par Baudelaire dans *Quelques Caricaturistes français*, qu'il attribue sans doute par erreur à Carle Vernet (peintre français, 1758-1836).
4. Minaudant : faisant des mines pour séduire.

Spleen et Idéal (édition de 1857)

     Autour des verts tapis des visages sans lèvre,
     Des lèvres sans couleur, des mâchoires sans dent,
     Et des doigts convulsés[1] d'une infernale fièvre,
     Fouillant la poche vide ou le sein palpitant ;

     Sous de sales plafonds un rang de pâles lustres
     Et d'énormes quinquets[2] projetant leurs lueurs
     Sur des fronts ténébreux de poètes illustres
     Qui viennent gaspiller leurs sanglantes sueurs ;

     Voilà le noir tableau qu'en un rêve nocturne
     Je vis se dérouler sous mon œil clairvoyant.
     Moi-même, dans un coin de l'antre[3] taciturne,
     Je me vis accoudé, froid, muet, enviant,

     Enviant de ces gens la passion tenace,
     De ces vieilles putains la funèbre gaieté,
     Et tous gaillardement trafiquant à ma face,
     L'un de son vieil honneur, l'autre de sa beauté !

     Et mon cœur s'effraya d'envier maint pauvre homme
     Courant avec ferveur à l'abîme béant,
     Et qui, soûl de son sang, préférerait en somme
     La douleur à la mort et l'enfer au néant !

---

1. Convulsé : atteint de contractions violentes et involontaires.
2. Quinquet : ancienne lampe à double courant d'air.
3. Antre : lieu où l'on aime se réfugier.

67 LE CRÉPUSCULE DU SOIR

Voici le soir charmant, ami du criminel ;
Il vient comme un complice, à pas de loup ; le ciel
Se ferme lentement comme une grande alcôve[1],
Et l'homme impatient se change en bête fauve.

5 Ô soir, aimable soir, désiré par celui
Dont les bras, sans mentir, peuvent dire : Aujourd'hui
Nous avons travaillé ! – C'est le soir qui soulage
Les esprits que dévore une douleur sauvage,
Le savant obstiné dont le front s'alourdit,
10 Et l'ouvrier courbé qui regagne son lit.
Cependant des démons malsains dans l'atmosphère
S'éveillent lourdement, comme des gens d'affaire,
Et cognent en volant les volets et l'auvent.
À travers les lueurs que tourmente le vent
15 La Prostitution s'allume dans les rues ;
Comme une fourmilière elle ouvre ses issues ;
Partout elle se fraye un occulte[2] chemin,
Ainsi que l'ennemi qui tente un coup de main ;
Elle remue au sein de la cité de fange[3]
20 Comme un ver qui dérobe à l'Homme ce qu'il mange.
On entend çà et là les cuisines siffler,
Les théâtres glapir[4], les orchestres ronfler ;

---

1. Alcôve : espace en retrait dans une chambre, où l'on met le lit, et que l'on peut fermer.
2. Occulte : caché et inconnu.
3. Fange : boue. Par extension : abject.
4. Glapir : pousser un cri aigu. Devant les théâtres, des « aboyeurs » se chargent d'attirer le public.

Les tables d'hôte, dont le jeu fait les délices,
S'emplissent de catins[1] et d'escrocs, leurs complices,
25 Et les voleurs, qui n'ont ni trêve ni merci[2],
Vont bientôt commencer leur travail, eux aussi,
Et forcer doucement les portes et les caisses
Pour vivre quelques jours et vêtir leurs maîtresses.

Recueille-toi, mon âme, en ce grave moment,
30 Et ferme ton oreille à ce rugissement.
C'est l'heure où les douleurs des malades s'aigrissent !
La sombre Nuit les prend à la gorge ; ils finissent
Leur destinée et vont vers le gouffre commun ;
L'hôpital se remplit de leurs soupirs. – Plus d'un
35 Ne viendra plus chercher la soupe parfumée,
Au coin du feu, le soir, auprès d'une âme aimée.

Encore la plupart n'ont-ils jamais connu
La douceur du foyer et n'ont jamais vécu !

68 LE CRÉPUSCULE DU MATIN

La diane[3] chantait dans les cours des casernes,
Et le vent du matin soufflait sur les lanternes.
C'était l'heure où l'essaim des rêves malfaisants
Tord sur leurs oreillers les bruns adolescents ;
5 Où, comme un œil sanglant qui palpite et qui bouge,
La lampe sur le jour fait une tache rouge ;

---

1. **Catin** : prostituée.
2. **Merci** : pitié.
3. **Diane** : sonnerie de clairon.

Où l'âme, sous le poids du corps revêche[1] et lourd,
Imite les combats de la lampe et du jour.
Comme un visage en pleurs que les brises essuient,
L'air est plein du frisson des choses qui s'enfuient,
Et l'homme est las d'écrire et la femme d'aimer.

Les maisons çà et là commençaient à fumer.
Les femmes de plaisir[2], la paupière livide,
Bouche ouverte, dormaient de leur sommeil stupide ;
Les pauvresses, traînant leurs seins maigres et froids,
Soufflaient sur leurs tisons et soufflaient sur leurs doigts.
C'était l'heure où parmi le froid et la lésine[3]
S'aggravent les douleurs des femmes en gésine[4] ;
Comme un sanglot coupé par un sang écumeux
Le chant du coq au loin déchirait l'air brumeux ;
Une mer de brouillards baignait les édifices,
Et les agonisants[5] dans le fond des hospices
Poussaient leur dernier râle[6] en hoquets inégaux.
Les débauchés rentraient, brisés par leurs travaux.

L'aurore grelottante en robe rose et verte
S'avançait lentement sur la Seine déserte,
Et le sombre Paris, en se frottant les yeux,
Empoignait ses outils, vieillard laborieux.

---

1. Revêche : de mauvaise volonté.
2. Femmes de plaisir : prostituées.
3. Lésine : tendance excessive à l'épargne.
4. En gésine : en train d'accoucher.
5. Agonisant : mourant.
6. Râle : souffle d'un mourant.

69

La servante au grand cœur[1] dont vous[2] étiez jalouse,
Et qui dort son sommeil sous une humble pelouse,
Nous devrions pourtant lui porter quelques fleurs.
Les morts, les pauvres morts, ont de grandes douleurs,
Et quand Octobre souffle, émondeur[3] des vieux arbres,
Son vent mélancolique à l'entour de leurs marbres,
Certe[4], ils doivent trouver les vivants bien ingrats,
À dormir, comme ils font, chaudement dans leurs draps,
Tandis que, dévorés de noires songeries,
Sans compagnon de lit, sans bonnes causeries,
Vieux squelettes gelés travaillés par le ver,
Ils sentent s'égoutter les neiges de l'hiver
Et le siècle couler, sans qu'amis ni famille
Remplacent les lambeaux qui pendent à leur grille.

Lorsque la bûche siffle et chante, si le soir,
Calme, dans le fauteuil je la voyais s'asseoir,
Si, par une nuit bleue et froide de décembre
Je la trouvais tapie en un coin de ma chambre,
Grave, et venant du fond de son lit éternel
Couver l'enfant grandi de son œil maternel,
Que pourrais-je répondre à cette âme pieuse,
Voyant tomber des pleurs de sa paupière creuse ?

---

1. La servante au grand cœur : le poème est inspiré par Mariette, une domestique qui prenait soin de Baudelaire dans son enfance.
2. Vous : il s'agit vraisemblablement d'une adresse à la mère de Baudelaire.
3. Émondeur : qui débarrasse les arbres des branches mortes.
4. Certe : certes (licence poétique).

70

Je n'ai pas oublié, voisine de la ville[1],
Notre blanche maison, petite mais tranquille ;
Sa Pomone[2] de plâtre et sa vieille Vénus[3]
Dans un bosquet chétif[4] cachant leurs membres nus,
5 Et le soleil, le soir, ruisselant et superbe,
Qui, derrière la vitre où se brisait sa gerbe,
Semblait, grand œil ouvert dans le ciel curieux,
Contempler nos dîners longs et silencieux,
Répandant largement ses beaux reflets de cierge
10 Sur la nappe frugale[5] et les rideaux de serge[6].

71 LE TONNEAU DE LA HAINE

La Haine est le tonneau des pâles Danaïdes[7] ;
La Vengeance éperdue aux bras rouges et forts
A beau précipiter dans ses ténèbres vides
De grands seaux pleins du sang et des larmes des morts,

5 Le Démon fait des trous secrets à ces abîmes,
Par où fuiraient mille ans de sueurs et d'efforts,
Quand même elle saurait ranimer ses victimes,
Et pour les pressurer[8] ressusciter leurs corps[9].

---

1. Voisine de la ville : Neuilly, où résida Baudelaire avec sa mère.
2. Pomone : dans la religion romaine, nymphe protectrice des fruits.
3. Vénus : dans la religion romaine, déesse de l'amour.
4. Chétif : de faible constitution.
5. Frugale : qui se contente d'aliments simples. Austère.
6. Serge : tissu serré et sec.
7. Danaïdes : dans la mythologie grecque, les Danaïdes avaient été condamnées à verser éternellement de l'eau dans un tonneau sans fond.
8. Pressurer : en tirer tout ce qu'elle peut.
9. Ressusciter leurs corps : allusion aux pratiques de la magicienne thessalienne Erichto.

La Haine est un ivrogne au fond d'une taverne,
Qui sent toujours la soif naître de la liqueur
Et se multiplier comme l'hydre de Lerne[1].

— Mais les buveurs heureux connaissent leur vainqueur,
Et la Haine est vouée à ce sort lamentable
De ne pouvoir jamais s'endormir sous la table.

72 LE REVENANT

Comme les anges à l'œil fauve[2],
Je reviendrai dans ton alcôve[3]
Et vers toi glisserai sans bruit
Avec les ombres de la nuit ;

Et je te donnerai, ma brune[4],
Des baisers froids comme la lune
Et des caresses de serpent
Autour d'une fosse rampant.

Quand viendra le matin livide,
Tu trouveras ma place vide,
Où jusqu'au soir il fera froid.

Comme d'autres par la tendresse,
Sur ta vie et sur ta jeunesse,
Moi, je veux régner par l'effroi.

---

1. L'hydre de Lerne : dans la mythologie grecque, serpent à sept têtes qui repoussaient dès qu'on les coupait.
2. Les anges à l'œil fauve : les vampires.
3. Alcôve : espace en retrait dans une chambre, où l'on met le lit, et que l'on peut fermer.
4. Ma brune : il n'y a aucune certitude sur la destinataire de ce poème.

73 Le mort joyeux

Dans une terre grasse et pleine d'escargots
Je veux creuser moi-même une fosse profonde,
Où je puisse à loisir étaler mes vieux os
Et dormir dans l'oubli comme un requin dans l'onde[1].

5 Je hais les testaments et je hais les tombeaux[2] ;
Plutôt que d'implorer une larme du monde,
Vivant, j'aimerais mieux inviter les corbeaux
À saigner tous les bouts de ma carcasse immonde.

Ô vers ! noirs compagnons sans oreille et sans yeux,
10 Voyez venir à vous un mort libre et joyeux ;
Philosophes viveurs, fils de la pourriture,

À travers ma ruine allez donc sans remords,
Et dites-moi s'il est encor[3] quelque torture
Pour ce vieux corps sans âme et mort parmi les morts !

74 Sépulture

Si par une nuit lourde et sombre
Un bon chrétien, par charité,
Derrière quelque vieux décombre
Enterre votre corps vanté,

---

1. **L'onde** : la mer.
2. **Tombeau** : un tombeau est aussi une forme poétique en l'honneur de quelqu'un.
3. **Encor** : encore (licence poétique).

À l'heure où les chastes étoiles
Ferment leurs yeux appesantis,
L'araignée y fera ses toiles,
Et la vipère ses petits ;

Vous entendrez toute l'année
Sur votre tête condamnée
Les cris lamentables des loups

Et des sorcières faméliques[1],
Les ébats des vieillards lubriques[2]
Et les complots des noirs filous.

75 TRISTESSES DE LA LUNE

Ce soir, la lune rêve avec plus de paresse ;
Ainsi qu'une beauté, sur de nombreux coussins,
Qui d'une main distraite et légère caresse
Avant de s'endormir le contour de ses seins,

Sur le dos satiné des molles avalanches,
Mourante, elle se livre aux longues pâmoisons[3],
Et promène ses yeux sur les visions blanches
Qui montent dans l'azur comme des floraisons.

---

1. Famélique : affamé.
2. Lubrique : qui a un penchant pour la sensualité et la luxure.
3. Pâmoison : évanouissement.

Quand parfois sur ce globe, en sa langueur oisive[1],
Elle laisse filer une larme furtive,
Un poète pieux, ennemi du sommeil,

Dans le creux de sa main prend cette larme pâle,
Aux reflets irisés comme un fragment d'opale[2],
Et la met dans son cœur loin des yeux du soleil.

76 LA MUSIQUE

La musique souvent me prend comme une mer !
        Vers ma pâle étoile,
Sous un plafond de brume ou dans un vaste éther[3],
        Je mets à la voile ;

La poitrine en avant et les poumons gonflés
        Comme de la toile,
J'escalade le dos des flots amoncelés
        Que la nuit me voile ;

Je sens vibrer en moi toutes les passions
        D'un vaisseau qui souffre ;
Le bon vent, la tempête et ses convulsions[4]

        Sur l'immense gouffre
Me bercent. D'autres fois, calme plat, grand miroir
        De mon désespoir !

---

1. Oisive : sans occupation.
2. Opale : pierre semi-précieuse irisée.
3. Éther : dans l'Antiquité, fluide qu'on se représentait régner au-dessus de l'atmosphère. Par extension, l'éther désigne les espaces célestes.
4. Convulsion : contraction violente et involontaire.

77 LA PIPE

Je suis la pipe d'un auteur ;
On voit, à contempler ma mine
D'Abyssinienne[1] ou de Cafrine[2],
Que mon maître est un grand fumeur.

Quand il est comblé de douleur,
Je fume comme la chaumine[3]
Où se prépare la cuisine
Pour le retour du laboureur.

J'enlace et je berce son âme
Dans le réseau mobile et bleu
Qui monte de ma bouche en feu,
Et je roule un puissant dictame[4]
Qui charme son cœur et guérit
De ses fatigues son esprit.

---

1. Abyssinienne : originaire d'Abyssinie (Éthiopie).
2. Cafrine : originaire de la Cafrérie (Afrique du Sud).
3. Chaumine : petite chaumière.
4. Dictame : baume adoucissant les souffrances.

Fleurs du mal

78 LA DESTRUCTION

Sans cesse à mes côtés s'agite le Démon ;
Il nage autour de moi comme un air impalpable ;
Je l'avale et le sens qui brûle mon poumon
Et l'emplit d'un désir éternel et coupable.

5 Parfois il prend, sachant mon grand amour de l'Art,
La forme de la plus séduisante des femmes,
Et, sous de spécieux prétextes de cafard[1],
Accoutume ma lèvre à des philtres[2] infâmes.

Il me conduit ainsi, loin du regard de Dieu,
10 Haletant et brisé de fatigue, au milieu
Des plaines de l'Ennui, profondes et désertes,

Et jette dans mes yeux pleins de confusion
Des vêtements souillés, des blessures ouvertes,
Et l'appareil sanglant de la Destruction.

---

1. Cafard : hypocrite.
2. Philtre : breuvage magique.

79 UNE MARTYRE

DESSIN D'UN MAÎTRE INCONNU

Au milieu des flacons, des étoffes lamées
    Et des meubles voluptueux,
Des marbres, des tableaux, des robes parfumées
    Qui traînent à plis somptueux,

5   Dans une chambre tiède où, comme en une serre,
    L'air est dangereux et fatal,
Où des bouquets mourants dans leurs cercueils de verre
    Exhalent leur soupir final,

Un cadavre sans tête épanche, comme un fleuve,
10   Sur l'oreiller désaltéré
Un sang rouge et vivant, dont la toile s'abreuve
    Avec l'avidité d'un pré.

Semblable aux visions pâles qu'enfante l'ombre
    Et qui nous enchaînent les yeux,
15 La tête, avec l'amas de sa crinière sombre
    Et de ses bijoux précieux,

Sur la table de nuit, comme une renoncule[1],
    Repose ; et, vide de pensers[2],
Un regard vague et blanc comme le crépuscule
20   S'échappe des yeux révulsés[3].

---

1. Renoncule : plante herbacée.
2. Pensers : pensées.
3. Révulsés : retournés au point qu'on n'en voit plus la pupille.

Sur le lit, le tronc nu sans scrupules étale
>> Dans le plus complet abandon
La secrète splendeur et la beauté fatale
>> Dont la nature lui fit don.

Un bas rosâtre, orné de coins d'or, à la jambe,
>> Comme un souvenir est resté ;
La jarretière, ainsi qu'un œil secret qui flambe,
>> Darde[1] un regard diamanté.

Le singulier aspect de cette solitude
>> Et d'un grand portrait langoureux,
Aux yeux provocateurs comme son attitude,
>> Révèle un amour ténébreux,

Une coupable joie et des fêtes étranges
>> Pleines de baisers infernaux,
Dont se réjouissait l'essaim des mauvais anges
>> Nageant dans les plis des rideaux ;

Et cependant, à voir la maigreur élégante
>> De l'épaule au contour heurté,
La hanche un peu pointue et la taille fringante
>> Ainsi qu'un reptile irrité,

Elle est bien jeune encor[2] ! – Son âme exaspérée
>> Et ses sens par l'ennui mordus
S'étaient-ils entr'ouverts à la meute altérée
>> Des désirs errants et perdus ?

---

1. Darde : lance.
2. Encor : encore (licence poétique).

45 L'homme vindicatif[1] que tu n'as pu, vivante,
          Malgré tant d'amour, assouvir,
    Combla-t-il sur ta chair inerte et complaisante
          L'immensité de son désir ?

    Réponds, cadavre impur ! et par tes tresses roides[2]
50   Te soulevant d'un bras fiévreux,
    Dis-moi, tête effrayante, a-t-il sur tes dents froides
          Collé les suprêmes adieux ?

    — Loin du monde railleur, loin de la foule impure,
          Loin des magistrats curieux,
55 Dors en paix, dors en paix, étrange créature,
          Dans ton tombeau mystérieux ;

    Ton époux court le monde, et ta forme immortelle
          Veille près de lui quand il dort ;
    Autant que toi sans doute il te sera fidèle,
60   Et constant jusques à la mort.

80 LESBOS[3]

Mère des jeux latins et des voluptés grecques,
Lesbos[4], où les baisers, languissants ou joyeux,
Chauds comme les soleils, frais comme les pastèques,
Font l'ornement des nuits et des jours glorieux ;
5 Mère des jeux latins et des voluptés grecques,

---

1. Vindicatif : porté à la vengeance.
2. Roide : raide.
3. Ce poème a été condamné lors du procès de 1857.
4. Lesbos : île grecque de la mer Égée, où vécut la poétesse Sappho, et réputée pour la liberté de mœurs de ses habitantes.

Lesbos, où les baisers sont comme les cascades
Qui se jettent sans peu dans les gouffres sans fonds,
Et courent, sanglotant et gloussant par saccades,
Orageux et secrets, fourmillants et profonds ;
10 Lesbos, où les baisers sont comme les cascades !

Lesbos, où les Phrynés[1] l'une l'autre s'attirent,
Où jamais un soupir ne resta sans écho,
À l'égal de Paphos[2] les étoiles t'admirent,
Et Vénus[3] à bon droit peut jalouser Sapho[4] !
15 Lesbos, où les Phrynés l'une l'autre s'attirent,

Lesbos, terre des nuits chaudes et langoureuses,
Qui font qu'à leurs miroirs, stérile volupté !
Mes filles aux yeux creux, de leurs corps amoureuses,
Caressent les fruits mûrs de leur nubilité[5] ;
20 Lesbos, terre des nuits chaudes et langoureuses,

Laisse du vieux Platon[6] se froncer l'œil austère[7] ;
Tu tires ton pardon de l'excès des baisers,
Reine du doux empire, aimable et noble terre,
Et des raffinements toujours inépuisés.
25 Laisse du vieux Platon se froncer l'œil austère.

---

1. Phryné : courtisane grecque (IVᵉ siècle av. J.-C.), joueuse de flûte, qui aurait servi de modèle au sculpteur Praxitèle (IVᵉ siècle av. J.-C.).

2. Paphos : ville fondée par les Phéniciens, puis colonisée par les Grecs, dont la légende attribue la fondation à Paphos, le fils de Pygmalion (sculpteur légendaire de Chypre).

3. Vénus : dans la religion romaine, déesse de l'amour.

4. Sapho : ou Sappho, poétesse grecque (fin VIIᵉ-début VIᵉ siècle av. J.-C.), créatrice du lyrisme érotique.

5. Nubilité : maturité sexuelle.

6. Platon : philosophe grec (428-348 av. J.-C.).

7. Austère : qui ne s'accorde aucun luxe ou plaisir.

Tu tires ton pardon de l'éternel martyre,
Infligé sans relâche aux cœurs ambitieux,
Qu'attire loin de nous le radieux sourire
Entrevu vaguement au bord des autres cieux !
30 Tu tires ton pardon de l'éternel martyre !

Qui des Dieux osera, Lesbos, être ton juge
Et condamner ton front pâli dans les travaux,
Si ses balances d'or n'ont pesé le déluge
De larmes qu'à la mer ont versé tes ruisseaux ?
35 Qui des Dieux osera, Lesbos, être ton juge ?

Que nous veulent les lois du juste et de l'injuste ?
Vierges au cœur sublime, honneur de l'archipel[1],
Votre religion comme une autre est auguste[2],
Et l'amour se rira de l'Enfer et du Ciel !
40 Que nous veulent les lois du juste et de l'injuste ?

Car Lesbos entre tous m'a choisi sur la terre
Pour chanter le secret de ses vierges en fleurs,
Et je fus dès l'enfance admis au noir mystère
Des rires effrénés mêlés aux sombres pleurs ;
45 Car Lesbos entre tous m'a choisi sur la terre.

Et depuis lors je veille au sommet de Leucate[3],
Comme une sentinelle à l'œil perçant et sûr,
Qui guette nuit et jour brick, tartane ou frégate[4],
Dont les formes au loin frissonnent dans l'azur ;
50 Et depuis lors je veille au sommet de Leucate

---

1. **Archipel** : ensemble formé par les îles grecques.
2. **Auguste** : digne du plus grand respect.
3. **Leucate** : ou Leucade, ville où, selon une légende, Sappho se serait suicidée.
4. **Brick, tartane, frégate** : types de voiliers.

Pour savoir si la mer est indulgente et bonne,
Et parmi les sanglots dont le roc retentit
Un soir ramènera vers Lesbos, qui pardonne,
Le cadavre adoré de Sapho, qui partit
55 Pour savoir si la mer est indulgente et bonne !

De la mâle Sapho, l'amante et le poète,
Plus belle que Vénus par ses mornes[1] pâleurs !
— L'œil d'azur est vaincu par l'œil noir que tachette
Le cercle ténébreux tracé par les douleurs
60 De la mâle Sapho, l'amante et le poète !

— Plus belle que Vénus se dressant sur le monde
Et versant les trésors de sa sérénité
Et le rayonnement de sa jeunesse blonde
Sur le vieil Océan de sa fille enchanté ;
65 Plus belle que Vénus se dressant sur le monde !

— De Sapho qui mourut le jour de son blasphème[2],
Quand, insultant le rite et le culte inventé,
Elle fit son beau corps la pâture suprême
D'un brutal dont l'orgueil punit l'impiété
70 De celle qui mourut le jour de son blasphème.

Et c'est depuis ce temps que Lesbos se lamente,
Et, malgré les honneurs que lui rend l'univers,
S'enivre chaque nuit du cri de la tourmente
Que poussent vers les cieux ses rivages déserts !
75 Et c'est depuis ce temps que Lesbos se lamente !

---

1. Morne : triste et monotone.
2. Blasphème : insulte à l'égard d'un dieu ou d'une religion.

81 Femmes damnées[1]

Delphine et Hippolyte[2]

À la pâle clarté des lampes languissantes,
Sur de profonds coussins tout imprégnés d'odeur,
Hippolyte rêvait aux caresses puissantes
Qui levaient le rideau de sa jeune candeur[3].

5 Elle cherchait, d'un œil troublé par la tempête,
De sa naïveté le ciel déjà lointain,
Ainsi qu'un voyageur qui retourne la tête
Vers les horizons bleus dépassés le matin.

De ses yeux amortis les paresseuses larmes,
10 L'air brisé, la stupeur, la morne[4] volupté,
Ses bras vaincus, jetés comme de vaines armes,
Tout servait, tout parait sa fragile beauté.

Étendue à ses pieds, calme et pleine de joie,
Delphine la couvait avec des yeux ardents,
15 Comme un animal fort qui surveille une proie,
Après l'avoir d'abord marquée avec les dents.

Beauté forte à genoux devant la beauté frêle,
Superbe, elle humait voluptueusement
Le vin de son triomphe, et s'allongeait vers elle,
20 Comme pour recueillir un doux remercîment[5].

---
1. Damné : condamné aux souffrances de l'Enfer.
2. Delphine : prénom fréquent à l'époque. **Hippolyte** : renvoie sans doute à la reine des Amazones.
3. Candeur : pureté.
4. Morne : triste et monotone.
5. Remercîment : remerciement (ancienne graphie).

Elle cherchait dans l'œil de sa pâle victime
Le cantique muet que chante le plaisir,
Et cette gratitude infinie et sublime
Qui sort de la paupière ainsi qu'un long soupir.

25 — « Hippolyte, cher cœur, que dis-tu de ces choses ?
Comprends-tu maintenant qu'il ne faut pas offrir
L'holocauste[1] sacré de tes premières roses
Aux souffles violents qui pourraient les flétrir ?

« Mes baisers sont légers comme ces éphémères
30 Qui caressent le soir les grands lacs transparents,
Et ceux de ton amant creuseront leurs ornières
Comme des chariots ou des socs[2] déchirants ;

« Ils passeront sur toi comme un lourd attelage
De chevaux et de bœufs aux sabots sans pitié…
35 Hippolyte, ô ma sœur ! tourne donc ton visage,
Toi, mon âme et mon cœur, mon tout et ma moitié,

« Tourne vers moi tes yeux pleins d'azur et d'étoiles !
Pour un de ces regards charmants, baume divin,
Des plaisirs plus obscurs je lèverai les voiles
40 Et je t'endormirai dans un rêve sans fin ! »

Mais Hippolyte alors, levant sa jeune tête :
— « Je ne suis point ingrate et ne me repens pas,
Ma Delphine, je souffre et je suis inquiète,
Comme après un nocturne et terrible repas.

---

1. Holocauste : sacrifice total.
2. Soc : pièce de charrue tranchant la terre.

« Je sens fondre sur moi de lourdes épouvantes
Et de noirs bataillons de fantômes épars,
Qui veulent me conduire en des routes mouvantes
Qu'un horizon sanglant ferme de toutes parts.

« Avons-nous donc commis une action étrange ?
Explique, si tu peux, mon trouble et mon effroi :
Je frissonne de peur quand tu me dis : « Mon ange ! »
Et cependant je sens ma bouche aller vers toi.

« Ne me regarde pas ainsi, toi, ma pensée !
Toi que j'aime à jamais, ma sœur d'élection,
Quand même tu serais une embûche dressée
Et le commencement de ma perdition ! »

Delphine secouant sa crinière tragique,
Et comme trépignant sur le trépied de fer,
L'œil fatal, répondit d'une voix despotique[1] :
— « Qui donc devant l'amour ose parler d'enfer ?

« Maudit soit à jamais le rêveur inutile
Qui voulut le premier, dans sa stupidité,
S'éprenant d'un problème insoluble et stérile,
Aux choses de l'amour mêler l'honnêteté !

« Celui qui veut unir dans un accord mystique
L'ombre avec la chaleur, la nuit avec le jour,
Ne chauffera jamais son corps paralytique
À ce rouge soleil que l'on nomme l'amour !

---

1. Despotique : tyrannique.

« Va, si tu veux, chercher un fiancé stupide ;
Cours offrir un cœur vierge à ses cruels baisers ;
Et, pleine de remords et d'horreur, et livide,
Tu me rapporteras tes seins stigmatisés...

« On ne peut ici-bas contenter qu'un seul maître ! »
Mais l'enfant, épanchant une immense douleur,
Cria soudain : « – Je sens s'élargir dans mon être
Un abîme béant ; cet abîme est mon cœur !

« Brûlant comme un volcan, profond comme le vide !
Rien ne rassasiera ce monstre gémissant
Et ne rafraîchira la soif de l'Euménide[1]
Qui, la torche à la main, le brûle jusqu'au sang.

« Que nos rideaux fermés nous séparent du monde,
Et que la lassitude amène le repos !
Je veux m'anéantir dans ta gorge profonde
Et trouver sur ton sein la fraîcheur des tombeaux ! »

– Descendez, descendez, lamentables victimes,
Descendez le chemin de l'enfer éternel !
Plongez au plus profond du gouffre, où tous les crimes,
Flagellés par un vent qui ne vient pas du ciel,

Bouillonnent pêle-mêle avec un bruit d'orage.
Ombres folles, courez au but de vos désirs ;
Jamais vous ne pourrez assouvir votre rage,
Et votre châtiment naîtra de vos plaisirs.

---

1. Euménide : autre nom donné aux Érynies, désignant normalement leur état apaisé.

Jamais un rayon frais n'éclaira vos cavernes ;
Par les fentes des murs des miasmes[1] fiévreux
95 Filtrent en s'enflammant ainsi que des lanternes
Et pénètrent vos corps de leurs parfums affreux.

L'âpre stérilité de votre jouissance
Altère votre soif et roidit[2] votre peau,
Et le vent furibond de la concupiscence[3]
100 Fait claquer votre chair ainsi qu'un vieux drapeau.

Loin des peuples vivants, errantes, condamnées,
À travers les déserts courez comme les loups ;
Faites votre destin, âmes désordonnées,
Et fuyez l'infini que vous portez en vous !

82 FEMMES DAMNÉES[4]

Comme un bétail pensif sur le sable couchées,
Elles tournent leurs yeux vers l'horizon des mers,
Et leurs pieds se cherchant et leurs mains rapprochées
Ont de douces langueurs et des frissons amers.

5 Les unes, cœur épris des longues confidences,
Dans le fond des bosquets où jasent les ruisseaux,
Vont épelant l'amour des craintives enfances
Et creusent le bois vert des jeunes arbrisseaux ;

---

1. Miasmes : émanations propageant les maladies infectieuses et les épidémies.
2. Roidit : raidit.
3. Concupiscence : convoitise.
4. Damné : condamné aux souffrances de l'Enfer.

D'autres, comme des sœurs, marchent lentes et graves
À travers les rochers pleins d'apparitions,
Où saint Antoine[1] a vu surgir comme des laves
Les seins nus et pourprés de ses tentations ;

Il en est, aux lueurs des résines croulantes,
Qui dans le creux muet des vieux antres[2] païens
T'appellent au secours de leurs fièvres hurlantes,
Ô Bacchus[3], endormeur des remords anciens !

Et d'autres, dont la gorge aime les scapulaires[4],
Qui, recelant un fouet sous leurs longs vêtements[5],
Mêlent, dans le bois sombre et les nuits solitaires,
L'écume du plaisir aux larmes des tourments.

Ô vierges, ô démons, ô monstres, ô martyres,
De la réalité grands esprits contempteurs[6],
Chercheuses d'infini, dévotes et satyres[7],
Tantôt pleines de cris, tantôt pleines de pleurs,

Vous que dans votre enfer mon âme a poursuivies,
Pauvres sœurs, je vous aime autant que je vous plains,
Pour vos mornes[8] douleurs, vos soifs inassouvies,
Et les urnes d'amour dont vos grands cœurs sont pleins !

---

1. Saint Antoine : ermite égyptien (251-356) qui, dans la tradition chrétienne, eut à résister à de nombreuses tentations.
2. Antre : grotte.
3. Bacchus : dans la religion romaine, dieu du vin.
4. Scapulaire : vêtement religieux, fait de deux longues bandes d'étoffe.
5. Allusion probable à *La Religieuse* de Diderot (1713-1784).
6. Contempteur : qui méprise.
7. Satyre : divinité mythologique, à corps humain, corne et pieds de chèvre ou de bouc.
8. Morne : triste et monotone.

83 LES DEUX BONNES SŒURS

La Débauche et la Mort sont deux aimables filles,
Prodigues de baisers et riches de santé,
Dont le flanc toujours vierge et drapé de guenilles[1]
Sous l'éternel labeur n'a jamais enfanté.

5 Au poète sinistre, ennemi des familles,
Favori de l'enfer, courtisan mal renté[2],
Tombeaux et lupanars[3] montrent sous leurs charmilles[4]
Un lit que le remords n'a jamais fréquenté.

Et la bière et l'alcôve[5] en blasphèmes[6] fécondes
10 Nous offrent tour à tour, comme deux bonnes sœurs,
De terribles plaisirs et d'affreuses douceurs.

Quand veux-tu m'enterrer, Débauche aux bras immondes ?
Ô Mort, quand viendras-tu, sa rivale en attraits,
Sur ses myrtes[7] infects enter[8] tes noirs cyprès[9] ?

---

1. Guenille : vêtement en lambeaux.
2. Mal renté : qui ne perçoit qu'une faible rente.
3. Lupanar : maison de prostitution.
4. Charmille : berceau de verdure.
5. Alcôve : enfoncement, dans une chambre, où l'on peut placer le lit. Par extension, lieu des rapports amoureux.
6. Blasphème : insulte à l'égard d'un dieu ou d'une religion.
7. Myrte : arbrisseau à feuilles coriaces et fleurs blanches, consacré à Vénus dans la religion romaine.
8. Enter : greffer.
9. Cyprès : conifère vert sombre, communément présent dans les cimetières.

84 La fontaine de sang

Il me semble parfois que mon sang coule à flots,
Ainsi qu'une fontaine aux rythmiques sanglots.
Je l'entends bien qui coule avec un long murmure,
Mais je me tâte en vain pour trouver la blessure.

5 À travers la cité, comme dans un champ clos,
Il s'en va, transformant les pavés en îlots,
Désaltérant la soif de chaque créature,
Et partout colorant en rouge la nature.

J'ai demandé souvent à des vins captieux[1]
10 D'endormir pour un jour la terreur qui me mine ;
Le vin rend l'œil plus clair et l'oreille plus fine !

J'ai cherché dans l'amour un sommeil oublieux ;
Mais l'amour n'est pour moi qu'un matelas d'aiguilles
Fait pour donner à boire à ces cruelles filles !

85 Allégorie

C'est une femme belle et de riche encolure[2],
Qui laisse dans son vin traîner sa chevelure.
Les griffes de l'amour, les poisons du tripot[3],
Tout glisse et tout s'émousse au granit de sa peau.
5 Elle rit à la Mort et nargue la Débauche,
Ces monstres dont la main, qui toujours gratte et fauche,

---

1. **Captieux** : charmeur et trompeur.
2. **Encolure** : décolleté.
3. **Tripot** : maison de jeu.

Dans ses jeux destructeurs a pourtant respecté
De ce corps ferme et droit la rude majesté.
Elle marche en déesse et repose en sultane ;
10 Elle a dans le plaisir la foi mahométane[1],
Et dans ses bras ouverts, que remplissent ses seins,
Elle appelle des yeux la race des humains.
Elle croit, elle sait, cette vierge inféconde
Et pourtant nécessaire à la marche du monde,
15 Que la beauté du corps est un sublime don
Qui de toute infamie[2] arrache le pardon.
Elle ignore l'Enfer comme le Purgatoire,
Et quand l'heure viendra d'entrer dans la Nuit noire,
Elle regardera la face de la Mort,
20 Ainsi qu'un nouveau-né, – sans haine et sans remords.

86 LA BÉATRICE[3]

Dans des terrains cendreux, calcinés, sans verdure,
Comme je me plaignais un jour à la nature,
Et que de ma pensée, en vaguant[4] au hasard,
J'aiguisais lentement sur mon cœur le poignard,
5 Je vis en plein midi descendre sur ma tête
Un nuage funèbre et gros d'une tempête,
Qui portait un troupeau de démons vicieux,

---

1. Mahométane : musulmane.
2. Infamie : déshonneur.
3. Béatrice : le prénom renvoie ironiquement à l'héroïne de Dante (poète italien, 1265-1321), guide et inspiratrice du poète dans *La Divine Comédie*.
4. Vaguant : errant.

Semblables à des nains cruels et curieux.
À me considérer froidement ils se mirent,
10 Et, comme des passants sur un fou qu'ils admirent,
Je les entendis rire et chuchoter entre eux,
En échangeant maint signe et maint clignement d'yeux :

– « Contemplons à loisir cette caricature
Et cette ombre d'Hamlet [1] imitant sa posture,
15 Le regard indécis et les cheveux au vent.
N'est-ce pas grand-pitié de voir ce bon vivant,
Ce gueux [2], cet histrion [3] en vacances, ce drôle,
Parce qu'il sait jouer artistement son rôle,
Vouloir intéresser au chant de ses douleurs
20 Les aigles, les grillons, les ruisseaux et les fleurs,
Et même à nous, auteurs de ces vieilles rubriques [4],
Réciter en hurlant ses tirades publiques ? »

J'aurais pu (mon orgueil aussi haut que les monts
Domine la nuée et le cri des démons)
25 Détourner simplement ma tête souveraine,
Si je n'eusse pas vu parmi leur troupe obscène,
Crime qui n'a pas fait chanceler le soleil !
La reine de mon cœur au regard nonpareil,
Qui riait avec eux de ma sombre détresse
30 Et leur versait parfois quelque sale caresse.

---

1. Hamlet : héros éponyme d'un drame de Shakespeare (1564-1616).
2. Gueux : mendiant.
3. Histrion : comédien.
4. Rubrique : ruse, finesse (au XIXe siècle, selon Littré).

87 LES MÉTAMORPHOSES DU VAMPIRE[1]

La femme cependant, de sa bouche de fraise,
En se tordant ainsi qu'un serpent sur la braise,
Et pétrissant ses seins sur le fer de son busc[2],
Laissait couler ces mots tout imprégnés de musc[3] :
– « Moi, j'ai la lèvre humide, et je sais la science
De perdre au fond d'un lit l'antique conscience.
Je sèche tous mes pleurs sur mes seins triomphants,
Et fais rire les vieux du rire des enfants.
Je remplace, pour qui me voit nue et sans voiles,
La lune, le soleil, le ciel et les étoiles !
Je suis, mon cher savant, si docte[4] aux voluptés,
Lorsque j'étouffe un homme en mes bras redoutés,
Ou lorsque j'abandonne aux morsures mon buste,
Timide et libertine, et fragile et robuste,
Que sur ces matelas qui se pâment[5] d'émoi,
Les anges impuissants se damneraient pour moi ! »

Quand elle eut de mes os sucé toute la moelle,
Et que languissamment je me tournai vers elle
Pour lui rendre un baiser d'amour, je ne vis plus
Qu'une outre aux flancs gluants, toute pleine de pus !
Je fermai les deux yeux, dans ma froide épouvante,
Et quand je les rouvris à la clarté vivante,
À mes côtés, au lieu du mannequin puissant

---

1. Ce poème a été condamné lors du procès de 1857.
2. Busc : lame servant à maintenir un corset.
3. Musc : parfum précieux, d'origine animale.
4. Docte : savante.
5. Se pâment : s'évanouissent.

Qui semblait avoir fait provision de sang,
25 Tremblaient confusément des débris de squelette,
Qui d'eux-mêmes rendaient le cri d'une girouette
Ou d'une enseigne, au bout d'une tringle de fer,
Que balance le vent pendant les nuits d'hiver.

88 Un voyage à Cythère[1]

Mon cœur, comme un oiseau, voltigeait tout joyeux
Et planait librement à l'entour des cordages ;
Le navire roulait sous un ciel sans nuages,
Comme un ange enivré d'un soleil radieux.

5 Quelle est cette île triste et noire ? – C'est Cythère[2],
Nous dit-on, un pays fameux dans les chansons,
Eldorado[3] banal de tous les vieux garçons.
Regardez, après tout, c'est une pauvre terre.

– Île des doux secrets et des fêtes du cœur !
10 De l'antique Vénus[4] le superbe fantôme
Au-dessus de tes mers plane comme un arome[5],
Et charge les esprits d'amour et de langueur.
Belle île aux myrtes[6] verts, pleine de fleurs écloses,
Vénérée à jamais par toute nation,
15 Où les soupirs des cœurs en adoration
Roulent comme l'encens sur un jardin de roses

---

1. Baudelaire dédia d'abord son poème à Gérard de Nerval (écrivain français, 1808-1855), dont les récits de voyage inspirent ce poème.
2. Cythère : île grecque dédiée, dans la mythologie, à Aphrodite, déesse de l'amour.
3. Eldorado : pays fabuleux idéal, regorgeant d'or.
4. Vénus : dans la religion romaine, déesse de l'amour.
5. Arome : arôme.
6. Myrte : arbrisseau à feuilles coriaces et fleurs blanches, consacré à Vénus dans la religion romaine.

Ou le roucoulement éternel d'un ramier[1] !
— Cythère n'était plus qu'un terrain des plus maigres,
Un désert rocailleux troublé par des cris aigres.
20 J'entrevoyais pourtant un objet singulier !

Ce n'était pas un temple aux ombres bocagères,
Où la jeune prêtresse, amoureuse des fleurs,
Allait, le corps brûlé de secrètes chaleurs,
Entrebâillant sa robe aux brises passagères ;

25 Mais voilà qu'en rasant la côte d'assez près
Pour troubler les oiseaux avec nos voiles blanches,
Nous vîmes que c'était un gibet[2] à trois branches,
Du ciel se détachant en noir, comme un cyprès[3].

De féroces oiseaux perchés sur leur pâture
30 Détruisaient avec rage un pendu déjà mûr,
Chacun plantant, comme un outil, son bec impur
Dans tous les coins saignants de cette pourriture ;

Les yeux étaient deux trous, et du ventre effondré
Les intestins pesants lui coulaient sur les cuisses,
35 Et ses bourreaux, gorgés de hideuses délices,
L'avaient à coups de bec absolument châtré[4].

Sous les pieds, un troupeau de jaloux quadrupèdes,
Le museau relevé, tournoyait et rôdait ;
Une plus grande bête au milieu s'agitait
40 Comme un exécuteur entouré de ses aides.

---

1. Ramier : pigeon sauvage.
2. Gibet : potence où l'on exécute les condamnés à la pendaison.
3. Cyprès : conifère vert sombre, communément présent dans les cimetières.
4. Châtré : castré.

Habitant de Cythère, enfant d'un ciel si beau,
Silencieusement tu souffrais ces insultes
En expiation de tes infâmes cultes
Et des péchés qui t'ont interdit le tombeau.

45 Ridicule pendu, tes douleurs sont les miennes !
Je sentis, à l'aspect de tes membres flottants,
Comme un vomissement, remonter vers mes dents
Le long fleuve de fiel[1] des douleurs anciennes ;

Devant toi, pauvre diable au souvenir si cher,
50 J'ai senti tous les becs et toutes les mâchoires
Des corbeaux lancinants et des panthères noires
Qui jadis aimaient tant à triturer ma chair.

– Le ciel était charmant, la mer était unie ;
Pour moi tout était noir et sanglant désormais,
55 Hélas ! et j'avais, comme en un suaire[2] épais,
Le cœur enseveli dans cette allégorie[3].
Dans ton île, ô Vénus ! je n'ai trouvé debout
Qu'un gibet symbolique où pendait mon image...
– Ah ! Seigneur ! donnez-moi la force et le courage
60 De contempler mon cœur et mon corps sans dégoût !

---

1. Fiel : bile. Par métaphore : amertume accompagnée de méchanceté.
2. Suaire : linceul.
3. Allégorie : représentation concrète d'une idée abstraite.

89 L'AMOUR ET LE CRÂNE
VIEUX CUL-DE-LAMPE [1]

L'Amour est assis sur le crâne
    De l'Humanité,
Et sur ce trône le profane,
    Au rire effronté,

Souffle gaiement des bulles rondes
    Qui montent dans l'air,
Comme pour rejoindre les mondes
    Au fond de l'éther [2].

Le globe lumineux et frêle
    Prend un grand essor,
Crève et crache son âme grêle
    Comme un songe d'or.

J'entends le crâne à chaque bulle
    Prier et gémir :
— « Ce jeu féroce et ridicule,
    Quand doit-il finir ?

« Car ce que ta bouche cruelle
    Éparpille en l'air,
Monstre assassin, c'est ma cervelle,
    Mon sang et ma chair ! »

---

1. Cul-de-lampe : en typographie, vignette marquant la fin d'un chapitre.
2. Éther : dans l'Antiquité, fluide qu'on se représentait régner au-dessus de l'atmosphère.

Révolte

90 LE RENIEMENT DE SAINT PIERRE[1]

Qu'est-ce que Dieu fait donc de ce flot d'anathèmes[2]
Qui monte tous les jours vers ses chers Séraphins[3] ?
Comme un tyran gorgé de viande et de vins,
Il s'endort au doux bruit de nos affreux blasphèmes[4].

5 Les sanglots des martyrs et des suppliciés
Sont une symphonie enivrante sans doute,
Puisque, malgré le sang que leur volupté coûte,
Les cieux ne s'en sont point encor[5] rassasiés !

– Ah ! Jésus, souviens-toi du Jardin des Olives[6] !
10 Dans ta simplicité tu priais à genoux
Celui qui dans son ciel riait au bruit des clous
Que d'ignobles bourreaux plantaient dans tes chairs vives,

---

1. Saint Pierre : apôtre de Jésus.
2. Anathème : condamnation totale.
3. Séraphin : ange.
4. Blasphème : insulte à l'égard d'un dieu ou d'une religion.
5. Encor : encore (licence poétique).
6. Jardin des Olives : mont des Oliviers. Lieu où, d'après le Nouveau Testament, Jésus passa les dernières heures avant son arrestation.

Lorsque tu vis cracher sur ta divinité
La crapule du corps de garde et des cuisines,
15 Et lorsque tu sentis s'enfoncer les épines
Dans ton crâne où vivait l'immense Humanité ;

Quand de ton corps brisé la pesanteur horrible
Allongeait tes deux bras distendus, que ton sang
Et ta sueur coulaient de ton front pâlissant,
20 Quand tu fus devant tous posé comme une cible,

Rêvais-tu de ces jours si brillants et si beaux
Où tu vins pour remplir l'éternelle promesse,
Où tu foulais, monté sur une douce ânesse,
Des chemins tout jonchés de fleurs et de rameaux[1],

25 Où, le cœur tout gonflé d'espoir et de vaillance,
Tu fouettais tous ces vils[2] marchands à tour de bras[3],
Où tu fus maître enfin ? Le remords n'a-t-il pas
Pénétré dans ton flanc plus avant que la lance ?

— Certes, je sortirai, quant à moi, satisfait
30 D'un monde où l'action n'est pas la sœur du rêve ;
Puissé-je user du glaive et périr par le glaive[4] !
Saint Pierre a renié Jésus… il a bien fait !

---

1. Référence à l'accueil triomphal que reçut Jésus à Jérusalem, selon le Nouveau Testament, une semaine avant sa mort.
2. Vil : qui inspire le mépris.
3. Référence à l'épisode rapporté par le Nouveau Testament, selon lequel, dans un mouvement de colère, Jésus aurait chassé les marchands du temple.
4. Allusion à une parole de Jésus, rapportée dans l'évangile de Saint-Mathieu (XXVI, 52) : « Range ton glaive ; car tous ceux qui prennent le glaive périront par le glaive ».

91 ABEL ET CAÏN[1]

I

Race d'Abel, dors, bois et mange ;
Dieu te sourit complaisamment.

Race de Caïn, dans la fange[2]
Rampe et meurs misérablement.

Race d'Abel, ton sacrifice
Flatte le nez du Séraphin[3] !

Race de Caïn, ton supplice
Aura-t-il jamais une fin ?

Race d'Abel, vois tes semailles
Et ton bétail venir à bien ;

Race de Caïn, tes entrailles[4]
Hurlent la faim comme un vieux chien.

Race d'Abel, chauffe ton ventre
À ton foyer patriarcal ;

Race de Caïn, dans ton antre[5]
Tremble de froid, pauvre chacal !

---

1. Abel et Caïn : dans la Bible, les fils ennemis d'Adam.
2. Fange : boue souillée.
3. Séraphin : ange.
4. Entrailles : boyaux.
5. Antre : grotte.

Race d'Abel, aime et pullule !
Ton or fait aussi des petits.

Race de Caïn, cœur qui brûle,
Prends garde à ces grands appétits.

Race d'Abel, tu croîs et broutes
Comme les punaises des bois !

Race de Caïn, sur les routes
Traîne ta famille aux abois.

II

Ah ! race d'Abel, ta charogne [1]
Engraissera le sol fumant !

Race de Caïn, ta besogne
N'est pas faite suffisamment ;

Race d'Abel, voici ta honte :
Le fer est vaincu par l'épieu !

Race de Caïn, au ciel monte,
Et sur la terre jette Dieu !

---

1. Charogne : corps de bête mort, en état de décomposition.

92 LES LITANIES[1] DE SATAN

Ô toi, le plus savant et le plus beau des Anges,
Dieu trahi par le sort et privé de louanges,

Ô Satan, prends pitié de ma longue misère !

Ô Prince de l'exil, à qui l'on a fait tort,
Et qui, vaincu, toujours te redresses plus fort,

Ô Satan, prends pitié de ma longue misère !

Toi qui sais tout, grand roi des choses souterraines,
Guérisseur familier des angoisses humaines,

Ô Satan, prends pitié de ma longue misère !

Toi qui, même aux lépreux, aux parias[2] maudits,
Enseignes par l'amour le goût du Paradis,

Ô Satan, prends pitié de ma longue misère !

Ô toi qui de la Mort, ta vieille et forte amante,
Engendras l'Espérance, – une folle charmante !

Ô Satan, prends pitié de ma longue misère !

Toi qui fais au proscrit[3] ce regard calme et haut
Qui damne[4] tout un peuple autour d'un échafaud,

Ô Satan, prends pitié de ma longue misère !

---

1. Litanie : prière reposant sur l'énumération et la répétition.
2. Paria : personne mise à l'écart de la société.
3. Proscrit : banni.
4. Damne : condamne aux souffrances de l'Enfer.

Toi qui sais en quels coins des terres envieuses
20 Le Dieu jaloux cacha les pierres précieuses,

Ô Satan, prends pitié de ma longue misère !

Toi dont l'œil clair connaît les profonds arsenaux[1]
Où dort enseveli le peuple des métaux,

Ô Satan, prends pitié de ma longue misère !

25 Toi dont la large main cache les précipices
Au somnambule errant au bord des édifices,

Ô Satan, prends pitié de ma longue misère !

Toi qui, magiquement, assouplis les vieux os
De l'ivrogne attardé foulé par les chevaux,

30 Ô Satan, prends pitié de ma longue misère !

Toi qui, pour consoler l'homme frêle qui souffre,
Nous appris à mêler le salpêtre et le soufre[2],

Ô Satan, prends pitié de ma longue misère !

Toi qui poses ta marque, ô complice subtil,
35 Sur le front du Crésus[3] impitoyable et vil[4],

Ô Satan, prends pitié de ma longue misère !

---

1. Arsenaux : ateliers.
2. Salpêtre et soufre : éléments constitutifs de la poudre à canon.
3. Crésus : roi d'Asie Mineure (561-546 av. J.-C.), réputé pour sa fabuleuse richesse.
4. Vil : qui inspire le mépris.

Toi qui mets dans les yeux et dans le cœur des filles
Le culte de la plaie et l'amour des guenilles¹,

Ô Satan, prends pitié de ma longue misère !

40 Bâton des exilés, lampe des inventeurs,
Confesseur des pendus et des conspirateurs,

Ô Satan, prends pitié de ma longue misère !

Père adoptif de ceux qu'en sa noire colère
Du paradis terrestre a chassés Dieu le Père,

45 Ô Satan, prends pitié de ma longue misère !

Prière

Gloire et louange à toi, Satan, dans les hauteurs
Du Ciel, où tu régnas, et dans les profondeurs
De l'Enfer, où, vaincu, tu rêves en silence !
Fais que mon âme un jour, sous l'Arbre de Science,
50 Près de toi se repose, à l'heure où sur ton front
Comme un Temple nouveau ses rameaux s'épandront !

---

1. Guenille : vêtement en lambeaux. Au sens figuré : chose sans importance, méprisable.

Le Vin

93 L'ÂME DU VIN

Un soir, l'âme du vin chantait dans les bouteilles :
« Homme, vers toi je pousse, ô cher déshérité,
Sous ma prison de verre et mes cires vermeilles[1],
Un chant plein de lumière et de fraternité !

« Je sais combien il faut, sur la colline en flamme,
De peine, de sueur et de soleil cuisant
Pour engendrer ma vie et pour me donner l'âme ;
Mais je ne serai point ingrat ni malfaisant,

« Car j'éprouve une joie immense quand je tombe
Dans le gosier d'un homme usé par ses travaux,
Et sa chaude poitrine est une douce tombe
Où je me plais bien mieux que dans mes froids caveaux.

« Entends-tu retentir les refrains des dimanches
Et l'espoir qui gazouille en mon sein palpitant ?
Les coudes sur la table et retroussant tes manches,
Tu me glorifieras et tu seras content ;

---

1. Vermeille : d'un rouge vif.

« J'allumerai les yeux de ta femme ravie ;
À ton fils je rendrai sa force et ses couleurs
Et serai pour ce frêle athlète de la vie
L'huile qui raffermit les muscles des lutteurs.

« En toi je tomberai, végétale ambroisie [1],
Grain précieux jeté par l'éternel Semeur,
Pour que de notre amour naisse la poésie
Qui jaillira vers Dieu comme une rare fleur ! »

94 Le vin des chiffonniers

Souvent, à la clarté rouge d'un réverbère
Dont le vent bat la flamme et tourmente le verre,
Au cœur d'un vieux faubourg, labyrinthe fangeux [2]
Où l'humanité grouille en ferments orageux,

On voit un chiffonnier qui vient, hochant la tête,
Butant, et se cognant aux murs comme un poète,
Et, sans prendre souci des mouchards, ses sujets,
Épanche tout son cœur en glorieux projets.

Il prête des serments, dicte des lois sublimes,
Terrasse les méchants, relève les victimes,
Et sous le firmament comme un dais [3] suspendu
S'enivre des splendeurs de sa propre vertu.

---

1. Ambroisie : nourriture des dieux de l'Olympe, qui leur donnait l'immortalité.
2. Fangeux : boueux.
3. Dais : étoffe s'étendant comme un plafond au-dessus d'un autel ou de la place d'un personnage important.

Le Vin (édition de 1857)

Oui, ces gens harcelés de chagrins de ménage,
Moulus par le travail et tourmentés par l'âge,
Éreintés et pliant sous un tas de débris,
Vomissement confus de l'énorme Paris,

Reviennent, parfumés d'une odeur de futailles[1],
Suivis de compagnons, blanchis dans les batailles,
Dont la moustache pend comme les vieux drapeaux.
Les bannières, les fleurs et les arcs triomphaux

Se dressent devant eux, solennelle magie !
Et dans l'étourdissante et lumineuse orgie
Des clairons, du soleil, des cris et du tambour,
Ils apportent la gloire au peuple ivre d'amour !

C'est ainsi qu'à travers l'Humanité frivole
Le vin roule de l'or, éblouissant Pactole[2] ;
Par le gosier de l'homme il chante ses exploits
Et règne par ses dons ainsi que les vrais rois.

Pour noyer la rancœur et bercer l'indolence[3]
De tous ces vieux maudits qui meurent en silence,
Dieu, touché de remords, avait fait le sommeil ;
L'Homme ajouta le Vin, fils sacré du Soleil !

---

1. Futaille : tonneau.
2. Pactole : rivière d'Asie Mineure, charriant des paillettes d'or. Elle était la source des richesses de Crésus.
3. Indolence : façon d'éviter de se donner de la peine, de faire des efforts physiques ou moraux.

95 LE VIN DE L'ASSASSIN

Ma femme est morte, je suis libre !
Je puis donc boire tout mon soûl[1].
Lorsque je rentrais sans un sou,
Ses cris me déchiraient la fibre.

Autant qu'un roi je suis heureux ;
L'air est pur, le ciel admirable...
Nous avions un été semblable
Lorsque j'en devins amoureux !

L'horrible soif qui me déchire
Aurait besoin pour s'assouvir
D'autant de vin qu'en peut tenir
Son tombeau ; – ce n'est pas peu dire :

Je l'ai jetée au fond d'un puits,
Et j'ai même poussé sur elle
Tous les pavés de la margelle.
– Je l'oublierai si je le puis !

Au nom des serments de tendresse,
Dont rien ne peut nous délier,
Et pour nous réconcilier
Comme au beau temps de notre ivresse,

J'implorai d'elle un rendez-vous,
Le soir, sur une route obscure.
Elle y vint ! – folle créature !
Nous sommes tous plus ou moins fous !

---

1. **Boire tout mon soûl** : boire autant que je le veux.

Elle était encore jolie,
Quoique bien fatiguée ! et moi,
Je l'aimais trop ! voilà pourquoi
Je lui dis : Sors de cette vie !

Nul ne peut me comprendre. Un seul
Parmi ces ivrognes stupides
Songea-t-il dans ses nuits morbides
À faire du vin un linceul ?

Cette crapule invulnérable
Comme les machines de fer
Jamais, ni l'été ni l'hiver,
N'a connu l'amour véritable,

Avec ses noirs enchantements,
Son cortège infernal d'alarmes,
Ses fioles de poison, ses larmes,
Ses bruits de chaîne et d'ossements !

— Me voilà libre et solitaire !
Je serai ce soir ivre mort ;
Alors, sans peur et sans remords,
Je me coucherai sur la terre,

Et je dormirai comme un chien !
Le chariot aux lourdes roues
Chargé de pierres et de boues,
Le wagon enragé peut bien

Écraser ma tête coupable
Ou me couper par le milieu,
Je m'en moque comme de Dieu,
Du Diable ou de la Sainte Table[1] !

96 LE VIN DU SOLITAIRE

Le regard singulier d'une femme galante
Qui se glisse vers nous comme le rayon blanc
Que la lune onduleuse envoie au lac tremblant,
Quand elle y veut baigner sa beauté nonchalante ;

Le dernier sac d'écus dans les doigts d'un joueur ;
Un baiser libertin de la maigre Adeline[2] ;
Les sons d'une musique énervante et câline,
Semblable au cri lointain de l'humaine douleur,

Tout cela ne vaut pas, ô bouteille profonde,
Les baumes pénétrants que ta panse[3] féconde
Garde au cœur altéré du poète pieux ;

Tu lui verses l'espoir, la jeunesse et la vie,
— Et l'orgueil, ce trésor de toute gueuserie[4],
Qui nous rend triomphants et semblables aux Dieux !

---

1. Sainte Table : l'autel, dans les églises chrétiennes.
2. Adeline : ce prénom ne réfère à aucune source connue.
3. Panse : partie renflée.
4. Gueuserie : mendicité.

97 LE VIN DES AMANTS

Aujourd'hui l'espace est splendide !
Sans mors[1], sans éperons[2], sans bride,
Partons à cheval sur le vin
Pour un ciel féerique et divin !

Comme deux anges que torture
Une implacable calenture[3],
Dans le bleu cristal du matin
Suivons le mirage lointain !

Mollement balancés sur l'aile
Du tourbillon intelligent,
Dans un délire parallèle,

Ma sœur, côte à côte nageant,
Nous fuirons sans repos ni trêves
Vers le paradis de mes rêves !

---

1. Mors : pièce du harnais qui permet de freiner le cheval.
2. Éperon : pièce de métal, fixée au talon du cavalier, pour piquer les flancs du cheval.
3. Calenture : espèce de délire furieux auquel les navigateurs sont sujets sous la zone torride (d'après Littré).

La Mort

98 La mort des amants

Nous aurons des lits pleins d'odeurs légères,
Des divans profonds comme des tombeaux,
Et d'étranges fleurs sur des étagères,
Écloses pour nous sous des cieux plus beaux.

Usant à l'envi[1] leurs chaleurs dernières,
Nos deux cœurs seront deux vastes flambeaux,
Qui réfléchiront leurs doubles lumières
Dans nos deux esprits, ces miroirs jumeaux.

Un soir fait de rose et de bleu mystique,
Nous échangerons un éclair unique,
Comme un long sanglot, tout chargé d'adieux ;

Et plus tard un Ange, entrouvrant les portes,
Viendra ranimer, fidèle et joyeux,
Les miroirs ternis et les flammes mortes.

---

1. À l'envi : le plus possible, en rivalisant l'un avec l'autre.

99 LA MORT DES PAUVRES

C'est la Mort qui console, hélas ! et qui fait vivre ;
C'est le but de la vie, et c'est le seul espoir
Qui, comme un élixir[1], nous monte et nous enivre,
Et nous donne le cœur de marcher jusqu'au soir ;

5 À travers la tempête, et la neige, et le givre,
C'est la clarté vibrante à notre horizon noir ;
C'est l'auberge fameuse inscrite sur le livre,
Où l'on pourra manger, et dormir, et s'asseoir ;

C'est un Ange qui tient dans ses doigts magnétiques
10 Le sommeil et le don des rêves extatiques[2],
Et qui refait le lit des gens pauvres et nus ;

C'est la gloire des dieux, c'est le grenier mystique,
C'est la bourse du pauvre et la patrie antique,
C'est le portique ouvert sur les Cieux inconnus !

---

1. Élixir : philtre.
2. Extatique : qui fait atteindre l'extase.

100 La mort des artistes

Combien faut-il de fois secouer mes grelots
Et baiser ton front bas, morne[1] caricature ?
Pour piquer dans le but, de mystique nature,
Combien, ô mon carquois[2], perdre de javelots ?

Nous userons notre âme en de subtils complots,
Et nous démolirons mainte lourde armature[3],
Avant de contempler la grande Créature
Dont l'infernal désir nous remplit de sanglots !

Il en est qui jamais n'ont connu leur Idole,
Et ces sculpteurs damnés[4] et marqués d'un affront,
Qui vont se martelant la poitrine et le front,

N'ont qu'un espoir, étrange et sombre Capitole[5] !
C'est que la Mort, planant comme un soleil nouveau,
Fera s'épanouir les fleurs de leur cerveau !

---

1. Morne : triste et monotone.
2. Carquois : étui à flèches.
3. Armature : charpente interne d'une sculpture.
4. Damné : condamné aux souffrances de l'Enfer.
5. Capitole : une des sept collines de Rome, sur laquelle se déroulait le triomphe des généraux victorieux.

POÈMES APPORTÉS PAR L'ÉDITION DE 1861

Parue en 1861, la deuxième édition des *Fleurs du mal* comporte, outre l'avis « Au lecteur », cent vingt-six poèmes, réorganisés en six sections. Les pièces condamnées en 1857 en sont exclues.

Fin de « La Mort »

101 La fin de la journée

Sous une lumière blafarde[1]
Court, danse et se tord sans raison
La Vie, impudente et criarde.
Aussi, sitôt qu'à l'horizon

5   La nuit voluptueuse monte,
Apaisant tout, même la faim,
Effaçant tout, même la honte,
Le Poète se dit : « Enfin !

« Mon esprit, comme mes vertèbres,
10 Invoque ardemment le repos ;
Le cœur plein de songes funèbres,

« Je vais me coucher sur le dos
Et me rouler dans vos rideaux,
Ô rafraîchissantes ténèbres ! »

---

1. Blafarde : pâle et sans éclat.

102 LE RÊVE D'UN CURIEUX

À F. N[1].

Connais-tu, comme moi, la douleur savoureuse,
Et de toi fais-tu dire : « Oh ! l'homme singulier ! »
– J'allais mourir. C'était dans mon âme amoureuse,
Désir mêlé d'horreur, un mal particulier ;

5 Angoisse et vif espoir, sans humeur factieuse[2].
Plus allait se vidant le fatal sablier,
Plus ma torture était âpre[3] et délicieuse ;
Tout mon cœur s'arrachait au monde familier.

J'étais comme l'enfant avide du spectacle,
10 Haïssant le rideau comme on hait un obstacle...
Enfin la vérité froide se révéla :

J'étais mort sans surprise, et la terrible aurore
M'enveloppait. – Eh quoi ! n'est-ce donc que cela ?
La toile était levée et j'attendais encore.

---

1. À F. N. : à Félix Nadar, pseudonyme de Félix Tourmachon, photographe, caricaturiste et écrivain français (1820-1910).
2. Humeur factieuse : tendance à s'opposer violemment et à provoquer des troubles.
3. Âpre : pénible.

103 LE VOYAGE[1]

À Maxime Du Camp[2].

I

Pour l'enfant, amoureux de cartes et d'estampes[3],
L'univers est égal à son vaste appétit.
Ah ! que le monde est grand à la clarté des lampes !
Aux yeux du souvenir que le monde est petit !

5 Un matin nous partons, le cerveau plein de flamme,
Le cœur gros de rancune et de désirs amers,
Et nous allons, suivant le rythme de la lame,
Berçant notre infini sur le fini des mers :

Les uns, joyeux de fuir une patrie infâme ;
10 D'autres, l'horreur de leurs berceaux, et quelques-uns,
Astrologues noyés dans les yeux d'une femme[4],
La Circé[5] tyrannique aux dangereux parfums.

Pour n'être pas changés en bêtes, ils s'enivrent
D'espace et de lumière et de cieux embrasés ;
15 La glace qui les mord, les soleils qui les cuivrent,
Effacent lentement la marque des baisers.

---

1. Dans l'édition de 1861, ce poème est le dernier du recueil.
2. Maxime Du Camp : écrivain et voyageur français (1822-1894).
3. Estampes : gravures.
4. Allusion à la fable de La Fontaine, « L'Astrologue qui se laisse tomber dans un puits » (*Fables*, II, 13).
5. Circé : dans l'*Odyssée* d'Homère, Circé change en pourceaux les compagnons d'Ulysse.

Mais les vrais voyageurs sont ceux-là seuls qui partent
Pour partir ; cœurs légers, semblables aux ballons,
De leur fatalité jamais ils ne s'écartent,
20 Et, sans savoir pourquoi, disent toujours : Allons !

Ceux-là dont les désirs ont la forme des nues[1],
Et qui rêvent, ainsi qu'un conscrit[2] le canon,
De vastes voluptés, changeantes, inconnues,
Et dont l'esprit humain n'a jamais su le nom !

II

25 Nous imitons, horreur ! la toupie et la boule
Dans leur valse et leurs bonds ; même dans nos sommeils
La Curiosité nous tourmente et nous roule,
Comme un Ange cruel qui fouette des soleils.

Singulière fortune[3] où le but se déplace,
30 Et, n'étant nulle part, peut être n'importe où !
Où l'Homme, dont jamais l'espérance n'est lasse,
Pour trouver le repos court toujours comme un fou !

Notre âme est un trois-mâts cherchant son Icarie[4] ;
Une voix retentit sur le pont : « Ouvre l'œil ! »
35 Une voix de la hune[5], ardente et folle, crie :
« Amour... gloire... bonheur ! » Enfer ! c'est un écueil !

---

1. Nues : nuages.
2. Conscrit : soldat venant d'être recruté.
3. Fortune : destinée.
4. Icarie : cité idéale, imaginée par le socialiste utopique Étienne Cabet (1788-1856).
5. Hune : plateforme à l'avant d'un voilier.

Chaque îlot signalé par l'homme de vigie
Est un Eldorado[1] promis par le Destin ;
L'Imagination qui dresse son orgie[2]
Ne trouve qu'un récif aux clartés du matin.

Ô le pauvre amoureux des pays chimériques[3] !
Faut-il le mettre aux fers, le jeter à la mer,
Ce matelot ivrogne, inventeur d'Amériques
Dont le mirage rend le gouffre plus amer ?

Tel le vieux vagabond, piétinant dans la boue,
Rêve, le nez en l'air, de brillants paradis ;
Son œil ensorcelé découvre une Capoue[4]
Partout où la chandelle illumine un taudis.

III

Étonnants voyageurs ! quelles nobles histoires
Nous lisons dans vos yeux profonds comme les mers !
Montrez-nous les écrins de vos riches mémoires,
Ces bijoux merveilleux, faits d'astres et d'éthers[5].

---

1. Eldorado : pays fabuleux idéal, regorgeant d'or.
2. Orgie : moment où tout ce qui plaît est consommé en excès.
3. Chimérique : imaginaire.
4. Capoue : ville étrusque, dont l'agrément réduisit la combativité des troupes d'Hannibal (IIIe siècle av. J.-C.).
5. Éther : dans l'Antiquité, fluide qu'on se représentait régner au-dessus de l'atmosphère. Par extension, les éthers désignent les espaces célestes.

Nous voulons voyager sans vapeur et sans voile !
Faites, pour égayer l'ennui de nos prisons,
Passer sur nos esprits, tendus comme une toile,
Vos souvenirs avec leurs cadres d'horizons.

Dites, qu'avez-vous vu ?

IV

      « Nous avons vu des astres
Et des flots ; nous avons vu des sables aussi ;
Et, malgré bien des chocs et d'imprévus désastres,
Nous nous sommes souvent ennuyés, comme ici.

« La gloire du soleil sur la mer violette,
La gloire des cités dans le soleil couchant,
Allumaient dans nos cœurs une ardeur inquiète
De plonger dans un ciel au reflet alléchant.

« Les plus riches cités, les plus grands paysages,
Jamais ne contenaient l'attrait mystérieux
De ceux que le hasard fait avec les nuages.
Et toujours le désir nous rendait soucieux !

« – La jouissance ajoute au désir de la force.
Désir, vieil arbre à qui le plaisir sert d'engrais,
Cependant que grossit et durcit ton écorce,
Tes branches veulent voir le soleil de plus près !

« Grandiras-tu toujours, grand arbre plus vivace
Que le cyprès[1] ? – Pourtant nous avons, avec soin
Cueilli quelques croquis pour votre album vorace,
Frères qui trouvez beau tout ce qui vient de loin !

« Nous avons salué des idoles à trompe ;
Des trônes constellés de joyaux lumineux ;
Des palais ouvragés dont la féerique pompe
Serait pour vos banquiers un rêve ruineux ;

« Des costumes qui sont pour les yeux une ivresse ;
Des femmes dont les dents et les ongles sont teints,
Et des jongleurs savants que le serpent caresse. »

V

Et puis, et puis encore ?

VI

« Ô cerveaux enfantins !
« Pour ne pas oublier la chose capitale,
Nous avons vu partout, et sans l'avoir cherché,
Du haut jusques en bas de l'échelle fatale,
Le spectacle ennuyeux de l'immortel péché :

« La femme, esclave vile[2], orgueilleuse et stupide,
Sans rire s'adorant et s'aimant sans dégoût ;
L'homme, tyran goulu, paillard[3], dur et cupide[4],
Esclave de l'esclave et ruisseau dans l'égout ;

---

1. Cyprès : conifère vert sombre, communément présent dans les cimetières.
2. Vile : qui suscite le mépris.
3. Paillard : débauché.
4. Cupide : avide d'argent.

« Le bourreau qui jouit, le martyr qui sanglote ;
La fête qu'assaisonne et parfume le sang ;
95 Le poison du pouvoir énervant le despote,
Et le peuple amoureux du fouet abrutissant ;

« Plusieurs religions semblables à la nôtre,
Toutes escaladant le ciel ; la Sainteté,
Comme en un lit de plume un délicat se vautre,
100 Dans les clous et le crin cherchant la volupté ;

« L'Humanité bavarde, ivre de son génie,
Et, folle maintenant comme elle était jadis,
Criant à Dieu, dans sa furibonde agonie :
« Ô mon semblable, ô mon maître, je te maudis ! »

105 « Et les moins sots, hardis amants de la Démence,
Fuyant le grand troupeau parqué par le Destin,
Et se réfugiant dans l'opium[1] immense !
– Tel est du globe entier l'éternel bulletin. »

VII

Amer savoir, celui qu'on tire du voyage !
110 Le monde, monotone et petit, aujourd'hui,
Hier, demain, toujours, nous fait voir notre image :
Une oasis d'horreur dans un désert d'ennui !

Faut-il partir ? rester ? Si tu peux rester, reste ;
Pars, s'il le faut. L'un court, et l'autre se tapit
115 Pour tromper l'ennemi vigilant et funeste,
Le Temps ! Il est, hélas ! des coureurs sans répit,

---

1. Opium : drogue que l'on fume, produite à partir du pavot.

Comme le Juif errant et comme les apôtres,
À qui rien ne suffit, ni wagon ni vaisseau,
Pour fuir ce rétiaire[1] infâme ; il en est d'autres
120 Qui savent le tuer sans quitter leur berceau.

Lorsque enfin il mettra le pied sur notre échine,
Nous pourrons espérer et crier : En avant !
De même qu'autrefois nous partions pour la Chine,
Les yeux fixés au large et les cheveux au vent,

125 Nous nous embarquerons sur la mer des Ténèbres
Avec le cœur joyeux d'un jeune passager.
Entendez-vous ces voix, charmantes et funèbres,
Qui chantent : « Par ici ! vous qui voulez manger

« Le Lotus parfumé ! c'est ici qu'on vendange
130 Les fruits miraculeux dont votre cœur a faim ;
Venez vous enivrer de la douceur étrange
De cette après-midi qui n'a jamais de fin ? »

À l'accent familier nous devinons le spectre ;
Nos Pylades[2] là-bas tendent leurs bras vers nous.
135 « Pour rafraîchir ton cœur nage vers ton Électre[3] ! »
Dit celle dont jadis nous baisions les genoux.

---

1. Rétiaire : gladiateur armé d'un filet destiné à envelopper l'adversaire.
2. Pylade : dans la mythologie grecque, cousin d'Oreste, qui l'aide à venger son père et épouse sa sœur Électre.
3. Électre : dans la mythologie grecque, sœur d'Oreste.

VIII

Ô Mort, vieux capitaine, il est temps ! levons l'ancre !
Ce pays nous ennuie, ô Mort ! Appareillons !
Si le ciel et la mer sont noirs comme de l'encre,
140 Nos cœurs que tu connais sont remplis de rayons !

Verse-nous ton poison pour qu'il nous réconforte !
Nous voulons, tant ce feu nous brûle le cerveau,
Plonger au fond du gouffre, Enfer ou Ciel, qu'importe ?
Au fond de l'Inconnu pour trouver du *nouveau* !

Spleen et Idéal

104 L'ALBATROS

Souvent, pour s'amuser, les hommes d'équipage
Prennent des albatros, vastes oiseaux des mers,
Qui suivent, indolents[1] compagnons de voyage,
Le navire glissant sur les gouffres amers.

5 À peine les ont-ils déposés sur les planches,
Que ces rois de l'azur, maladroits et honteux,
Laissent piteusement leurs grandes ailes blanches
Comme des avirons traîner à côté d'eux.

Ce voyageur ailé, comme il est gauche et veule[2] !
10 Lui, naguère si beau, qu'il est comique et laid !
L'un agace son bec avec un brûle-gueule[3],
L'autre mime, en boitant, l'infirme qui volait !

Le Poète est semblable au prince des nuées[4]
Qui hante la tempête et se rit de l'archer ;
15 Exilé sur le sol au milieu des huées,
Ses ailes de géant l'empêchent de marcher.

---

1. Indolent : qui évite de se donner de la peine, de faire des efforts physiques ou moraux.
2. Veule : sans énergie.
3. Brûle-gueule : pipe à tuyau très court.
4. Nuées : nuages.

105 LE MASQUE

STATUE ALLÉGORIQUE DANS LE GOÛT
DE LA RENAISSANCE

À Ernest Christophe[1], statuaire.

Contemplons ce trésor de grâces florentines[2] ;
Dans l'ondulation de ce corps musculeux
L'Élégance et la Force abondent, sœurs divines.
Cette femme, morceau vraiment miraculeux,
Divinement robuste, adorablement mince,
Est faite pour trôner sur des lits somptueux,
Et charmer les loisirs d'un pontife ou d'un prince.

— Aussi, vois ce souris[3] fin et voluptueux
Où la Fatuité[4] promène son extase ;
Ce long regard sournois, langoureux et moqueur ;
Ce visage mignard[5], tout encadré de gaze[6],
Dont chaque trait nous dit avec un air vainqueur :
« La Volupté m'appelle et l'Amour me couronne ! »
À cet être doué de tant de majesté
Vois quel charme excitant la gentillesse donne !
Approchons, et tournons autour de sa beauté.

---

1. Ernest Christophe : sculpteur français (1827-1892). Ce poème s'inspire de l'une de ses œuvres, *La Comédie humaine*.
2. Florentine : dans le style des sculptures de Florence (Italie).
3. Souris : sourire.
4. Fatuité : autosatisfaction insolente.
5. Mignard : d'une grâce affectée.
6. Gaze : tissu léger et transparent.

Ô Blasphème[1] de l'art ! ô surprise fatale !
La femme au corps divin, promettant le bonheur,
Par le haut se termine en monstre bicéphale[2] !

20 — Mais non ! ce n'est qu'un masque, un décor suborneur[3],
Ce visage éclairé d'une exquise grimace,
Et, regarde, voici, crispée atrocement,
La véritable tête, et la sincère face
Renversée à l'abri de la face qui ment.

25 Pauvre grande beauté ! le magnifique fleuve
De tes pleurs aboutit dans mon cœur soucieux ;
Ton mensonge m'enivre, et mon âme s'abreuve
Aux flots que la Douleur fait jaillir de tes yeux !

— Mais pourquoi pleure-t-elle ? Elle, beauté parfaite
30 Qui mettrait à ses pieds le genre humain vaincu,
Quel mal mystérieux ronge son flanc d'athlète ?

— Elle pleure, insensé, parce qu'elle a vécu !
Et parce qu'elle vit ! Mais ce qu'elle déplore
Surtout, ce qui la fait frémir jusqu'aux genoux,
35 C'est que demain, hélas ! il faudra vivre encore !
Demain, après-demain et toujours ! — comme nous !

---

1. **Blasphème** : insulte à l'égard d'un dieu ou d'une religion.
2. **Bicéphale** : à deux têtes.
3. **Suborneur** : trompeur.

Lecture de l'image 1 • p. 300
Pietro della Vecchia, *Les Trois Parques* (xviie siècle), Modène, Galleria Estense.

Lecture de l'image 2 • p. 301
Antoine Watteau, *L'Embarquement pour Cythère* ou *Pèlerinage à l'île de Cythère* (1717), Paris, musée du Louvre.

Lecture de l'image 3 • p. 302
Eugène Delacroix, *Dante et Virgile aux Enfers* dit aussi *La Barque de Dante* (1822), Paris, musée du Louvre.

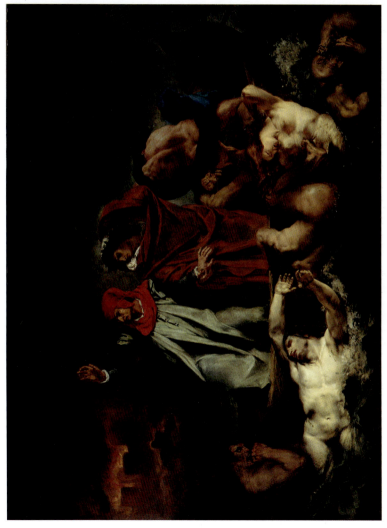

Lecture de l'image 4 • p. 303
Gustave Courbet, *Portrait de Baudelaire* (1848), Montpellier, musée Fabre.

Lecture de l'image 5 • p. 304
Jean-Auguste-Dominique Ingres, *Jupiter et Antiope* (1851), Paris, musée d'Orsay.

Lecture de l'image 6 • p. 305
Léon Bonnat, *La Résurrection de Lazare* (1857), Bayonne, musée Bonnat.

Lecture de l'image 7 • p. 306
Honoré Daumier, *Caricature sur les amateurs d'art*, série « *Croquis pris au Salon par Daumier* » :
« *Eh ! bien en regardant ce tableau de près on finit par y découvrir des qualités, on voit que la couleur est bonne* » (16 juin 1865), Marseille, musée des Beaux-Arts, Palais Longchamps, Collection Arts graphiques.

Lecture de l'image 8 • p. 307
Henri Matisse, *Luxe, calme et volupté* (1904), Paris, musée d'Orsay.

106 Hymne à la beauté

Viens-tu du ciel profond ou sors-tu de l'abîme,
Ô Beauté ? ton regard, infernal et divin,
Verse confusément le bienfait et le crime,
Et l'on peut pour cela te comparer au vin.

Tu contiens dans ton œil le couchant et l'aurore ;
Tu répands des parfums comme un soir orageux ;
Tes baisers sont un philtre[1] et ta bouche une amphore
Qui font le héros lâche et l'enfant courageux.

Sors-tu du gouffre noir ou descends-tu des astres ?
Le Destin charmé suit tes jupons comme un chien ;
Tu sèmes au hasard la joie et les désastres,
Et tu gouvernes tout et ne réponds de rien.

Tu marches sur des morts, Beauté, dont tu te moques ;
De tes bijoux l'Horreur n'est pas le moins charmant,
Et le Meurtre, parmi tes plus chères breloques[2],
Sur ton ventre orgueilleux danse amoureusement.

L'éphémère ébloui vole vers toi, chandelle,
Crépite, flambe et dit : Bénissons ce flambeau !
L'amoureux pantelant[3] incliné sur sa belle
A l'air d'un moribond caressant son tombeau.

---

1. Philtre : breuvage magique.
2. Breloque : bijou fantaisie.
3. Pantelant : qui respire avec peine.

Que tu viennes du ciel ou de l'enfer, qu'importe,
Ô Beauté ! monstre énorme, effrayant, ingénu !
Si ton œil, ton souris[1], ton pied, m'ouvrent la porte
D'un Infini que j'aime et n'ai jamais connu ?

25 De Satan ou de Dieu, qu'importe ? Ange ou Sirène,
Qu'importe, si tu rends, – fée aux yeux de velours,
Rythme, parfum, lueur, ô mon unique reine ! –
L'univers moins hideux et les instants moins lourds ?

107 La chevelure

Ô toison, moutonnant jusque sur l'encolure !
Ô boucles ! Ô parfum chargé de nonchaloir[2] !
Extase ! Pour peupler ce soir l'alcôve[3] obscure
Des souvenirs dormant dans cette chevelure,
5 Je la veux agiter dans l'air comme un mouchoir !

La langoureuse Asie et la brûlante Afrique,
Tout un monde lointain, absent, presque défunt,
Vit dans tes profondeurs, forêt aromatique !
Comme d'autres esprits voguent sur la musique,
10 Le mien, ô mon amour ! nage sur ton parfum.

---

1. **Souris** : sourire.

2. **Nonchaloir** : nonchalance.

3. **Alcôve** : enfoncement, dans une chambre, où l'on peut placer le lit. Par extension, lieu des rapports amoureux.

J'irai là-bas où l'arbre et l'homme, pleins de sève,
Se pâment longuement sous l'ardeur des climats ;
Fortes tresses, soyez la houle[1] qui m'enlève !
Tu contiens, mer d'ébène[2], un éblouissant rêve
15 De voiles, de rameurs, de flammes et de mâts :

Un port retentissant où mon âme peut boire
À grands flots le parfum, le son et la couleur ;
Où les vaisseaux, glissant dans l'or et dans la moire[3],
Ouvrent leurs vastes bras pour embrasser la gloire
20 D'un ciel pur où frémit l'éternelle chaleur.

Je plongerai ma tête amoureuse d'ivresse
Dans ce noir océan où l'autre est enfermé ;
Et mon esprit subtil que le roulis caresse
Saura vous retrouver, ô féconde paresse,
25 Infinis bercements du loisir embaumé !

Cheveux bleus, pavillon de ténèbres tendues,
Vous me rendez l'azur du ciel immense et rond ;
Sur les bords duvetés de vos mèches tordues
Je m'enivre ardemment des senteurs confondues
30 De l'huile de coco, du musc et du goudron.

Longtemps ! toujours ! ma main dans ta crinière lourde
Sèmera le rubis, la perle et le saphir,
Afin qu'à mon désir tu ne sois jamais sourde !
N'es-tu pas l'oasis où je rêve, et la gourde
35 Où je hume à longs traits le vin du souvenir ?

---

1. Houle : grosses vagues.
2. Ébène : bois noir foncé.
3. Moire : étoffe présentant des aspects mats et brillants.

108 Duellum[1]

Deux guerriers ont couru l'un sur l'autre ; leurs armes
Ont éclaboussé l'air de lueurs et de sang.
Ces jeux, ces cliquetis du fer sont les vacarmes
D'une jeunesse en proie à l'amour vagissant[2].

Les glaives[3] sont brisés ! comme notre jeunesse,
Ma chère[4] ! Mais les dents, les ongles acérés,
Vengent bientôt l'épée et la dague[5] traîtresse.
Ô fureur des cœurs mûrs par l'amour ulcérés[6] !

Dans le ravin hanté des chats-pards[7] et des onces[8]
Nos héros, s'étreignant méchamment, ont roulé,
Et leur peau fleurira l'aridité des ronces.

– Ce gouffre, c'est l'enfer, de nos amis peuplé !
Roulons-y sans remords, amazone[9] inhumaine,
Afin d'éterniser l'ardeur de notre haine !

---

1. *Duellum* : forme archaïque du nom latin *Bellum*, « la guerre ».
2. Vagissant : poussant un faible cri, semblable à celui du nouveau-né.
3. Glaive : épée de combat.
4. Ce poème a été inspiré par la liaison de Baudelaire avec Jeanne Duval.
5. Dague : épée courte.
6. Ulcéré : atteint d'une plaie qui ne cicatrise pas. Par extension : qui éprouve un violent ressentiment.
7. Chat-pard : nom courant du lynx du Portugal, petit félin malodorant.
8. Once : grand félin sauvage de l'Himalaya.
9. Amazone : femme guerrière. Dans un sens familier : prostituée.

109 LE POSSÉDÉ

Le soleil s'est couvert d'un crêpe[1]. Comme lui,
Ô Lune de ma vie ! emmitoufle-toi d'ombre ;
Dors ou fume à ton gré ; sois muette, sois sombre,
Et plonge tout entière au gouffre de l'Ennui ;

5 Je t'aime ainsi ! Pourtant, si tu veux aujourd'hui,
Comme un astre éclipsé qui sort de la pénombre,
Te pavaner[2] aux lieux que la Folie encombre,
C'est bien ! Charmant poignard, jaillis de ton étui !

Allume ta prunelle à la flamme des lustres !
10 Allume le désir dans les regards des rustres !
Tout de toi m'est plaisir, morbide[3] ou pétulant[4] ;

Sois ce que tu voudras, nuit noire, rouge aurore ;
Il n'est pas une fibre en tout mon corps tremblant
Qui ne crie : *Ô mon cher Belzébuth*[5], *je t'adore !*

---

1. **Crêpe** : tissu comprimé, généralement noir, porté en signe de deuil.
2. **Se pavaner** : marcher avec orgueil, parader.
3. **Morbide** : maladif.
4. **Pétulant** : d'une ardeur exubérante.
5. **Belzébuth** : nom du diable.

110 UN FANTÔME [1]

I

LES TÉNÈBRES

Dans les caveaux d'insondable tristesse
Où le Destin m'a déjà relégué ;
Où jamais n'entre un rayon rose et gai ;
Où, seul avec la Nuit, maussade hôtesse,

Je suis comme un peintre qu'un Dieu moqueur
Condamne à peindre, hélas ! sur les ténèbres ;
Où, cuisinier aux appétits funèbres,
Je fais bouillir et je mange mon cœur,

Par instants brille, et s'allonge, et s'étale
Un spectre fait de grâce et de splendeur,
À sa rêveuse allure orientale,

Quand il atteint sa totale grandeur,
Je reconnais ma belle visiteuse :
C'est Elle ! noire et pourtant lumineuse.

II

LE PARFUM

Lecteur, as-tu quelquefois respiré
Avec ivresse et lente gourmandise
Ce grain d'encens [2] qui remplit une église,
Ou d'un sachet le musc [3] invétéré ?

---

1. Cet ensemble de pièces est inspiré par Jeanne Duval, malade et affaiblie.
2. Encens : substance résineuse aromatique qui brûle en répandant une odeur pénétrante.
3. Musc : parfum précieux, d'origine animale, et très odorant.

Charme profond, magique, dont nous grise
Dans le présent le passé restauré !
Ainsi l'amant sur un corps adoré
Du souvenir cueille la fleur exquise.

De ses cheveux élastiques et lourds,
Vivant sachet, encensoir de l'alcôve[1],
Une senteur montait, sauvage et fauve,

Et des habits, mousseline ou velours,
Tout imprégnés de sa jeunesse pure,
Se dégageait un parfum de fourrure.

III

Le cadre

Comme un beau cadre ajoute à la peinture,
Bien qu'elle soit d'un pinceau très vanté,
Je ne sais quoi d'étrange et d'enchanté
En l'isolant de l'immense nature,

Ainsi bijoux, meubles, métaux, dorure,
S'adaptaient juste à sa rare beauté ;
Rien n'offusquait sa parfaite clarté,
Et tout semblait lui servir de bordure.

Même on eût dit parfois qu'elle croyait
Que tout voulait l'aimer ; elle noyait
Sa nudité voluptueusement

---

1. Alcôve : enfoncement, dans une chambre, où l'on peut placer le lit. Par extension, lieu des rapports amoureux.

Dans les baisers du satin et du linge,
Et, lente ou brusque, à chaque mouvement
Montrait la grâce enfantine du singe.

IV

Le portrait

La Maladie et la Mort font des cendres
De tout le feu qui pour nous flamboya.
De ces grands yeux si fervents et si tendres,
De cette bouche où mon cœur se noya,

De ces baisers puissants comme un dictame[1],
De ces transports plus vifs que des rayons,
Que reste-t-il ? C'est affreux, ô mon âme !
Rien qu'un dessin fort pâle, aux trois crayons,
Qui, comme moi, meurt dans la solitude,
Et que le Temps, injurieux vieillard,
Chaque jour frotte avec son aile rude...

Noir assassin de la Vie et de l'Art,
Tu ne tueras jamais dans ma mémoire
Celle qui fut mon plaisir et ma gloire !

---

[1]. Dictame : baume.

111 SEMPER EADEM[1]

« D'où vous vient, disiez-vous, cette tristesse étrange,
Montant comme la mer sur le roc noir et nu ? »
– Quand notre cœur a fait une fois sa vendange,
Vivre est un mal. C'est un secret de tous connu,

5 Une douleur très simple et non mystérieuse,
Et, comme votre joie, éclatante pour tous.
Cessez donc de chercher, ô belle curieuse !
Et, bien que votre voix soit douce, taisez-vous !

Taisez-vous, ignorante ! âme toujours ravie !
10 Bouche au rire enfantin ! Plus encor[2] que la Vie,
La Mort nous tient souvent par des liens subtils.

Laissez, laissez mon cœur s'enivrer d'un *mensonge,*
Plonger dans vos beaux yeux comme dans un beau songe,
Et sommeiller longtemps à l'ombre de vos cils !

112 CHANT D'AUTOMNE[3]

I

Bientôt nous plongerons dans les froides ténèbres ;
Adieu, vive clarté de nos étés trop courts !
J'entends déjà tomber avec des chocs funèbres
Le bois retentissant sur le pavé des cours.

---

1. L'expression est au féminin singulier ou au neutre pluriel et signifie donc, soit « toujours la même femme », soit « toujours la même chose ».
2. Encor : encore (licence poétique).
3. Ce poème est inspiré par Marie Daubrun.

Tout l'hiver va rentrer dans mon être : colère,
Haine, frissons, horreur, labeur dur et forcé,
Et, comme le soleil dans son enfer polaire,
Mon cœur ne sera plus qu'un bloc rouge et glacé.

J'écoute en frémissant chaque bûche qui tombe ;
L'échafaud qu'on bâtit n'a pas d'écho plus sourd.
Mon esprit est pareil à la tour qui succombe
Sous les coups du bélier[1] infatigable et lourd.

Il me semble, bercé par ce choc monotone,
Qu'on cloue en grande hâte un cercueil quelque part.
Pour qui ? – C'était hier l'été ; voici l'automne !
Ce bruit mystérieux sonne comme un départ.

II

J'aime de vos longs yeux la lumière verdâtre,
Douce beauté, mais tout aujourd'hui m'est amer,
Et rien, ni votre amour, ni le boudoir, ni l'âtre[2],
Ne me vaut le soleil rayonnant sur la mer.

Et pourtant aimez-moi, tendre cœur ! soyez mère,
Même pour un ingrat, même pour un méchant ;
Amante ou sœur, soyez la douceur éphémère
D'un glorieux automne ou d'un soleil couchant.

Courte tâche ! La tombe attend ; elle est avide !
Ah ! laissez-moi, mon front posé sur vos genoux,
Goûter, en regrettant l'été blanc et torride,
De l'arrière-saison le rayon jaune et doux !

---

1. Bélier : poutre servant à enfoncer les portes en temps de guerre.
2. Âtre : foyer de la cheminée.

113 À UNE MADONE[1]

EX-VOTO[2] DANS LE GOÛT ESPAGNOL

Je veux bâtir pour toi, Madone[3], ma maîtresse,
Un autel souterrain au fond de ma détresse,
Et creuser dans le coin le plus noir de mon cœur,
Loin du désir mondain et du regard moqueur,
Une niche, d'azur et d'or tout émaillée,
Où tu te dresseras, Statue émerveillée.
Avec mes Vers polis, treillis d'un pur métal
Savamment constellée de rimes de cristal,
Je ferai pour ta tête une énorme Couronne ;
Et dans ma Jalousie, ô mortelle Madone,
Je saurai te tailler un Manteau, de façon
Barbare, roide[4] et lourd, et doublé de soupçon,
Qui, comme une guérite[5], enfermera tes charmes ;
Non de Perles brodé, mais de toutes mes larmes !
Ta Robe, ce sera mon Désir, frémissant,
Onduleux, mon Désir qui monte et qui descend,
Aux pointes se balance, aux vallons se repose,
Et revêt d'un baiser tout ton corps blanc et rose.
Je te ferai de mon Respect de beaux Souliers
De satin, par tes pieds divins humiliés,
Qui, les emprisonnant dans une molle étreinte,
Comme un moule fidèle en garderont l'empreinte.

---

1. Ce poème est inspiré par Marie Daubrun, qui avait pris soin de Théodore de Banville lorsqu'il était mourant.
2. *Ex-voto* : formule de reconnaissance en remerciement d'un vœu accompli.
3. Madone : représentation de la Vierge.
4. Roide : raide.
5. Guérite : abri.

Si je ne puis, malgré tout mon art diligent[1],
Pour Marchepied tailler une Lune d'argent,
25 Je mettrai le Serpent qui me mord les entrailles[2]
Sous tes talons, afin que tu foules et railles,
Reine victorieuse et féconde en rachats,
Ce monstre tout gonflé de haine et de crachats.
Tu verras mes Pensers[3], rangés comme les Cierges
30 Devant l'autel fleuri de la Reine des Vierges,
Étoilant de reflets le plafond peint en bleu,
Te regarder toujours avec des yeux de feu ;
Et comme tout en moi te chérit et t'admire,
Tout se fera Benjoin, Encens[4], Oliban[5], Myrrhe[6],
35 Et sans cesse vers toi, sommet blanc et neigeux,
En Vapeurs montera mon Esprit orageux.

Enfin, pour compléter ton rôle de Marie,
Et pour mêler l'amour avec la barbarie,
Volupté noire ! des sept Péchés capitaux,
40 Bourreau plein de remords, je ferai sept Couteaux
Bien affilés, et, comme un jongleur insensible,
Prenant le plus profond de ton amour pour cible,
Je les planterai tous dans ton cœur pantelant,
Dans ton cœur sanglotant, dans ton cœur ruisselant !

---

1. Diligent : attentif, appliqué.
2. Entrailles : intestins. Au figuré, siège des émotions.
3. Pensers : pensées.
4. Benjoin, encens : substances résineuses aromatiques, qui brûlent en répandant une odeur pénétrante.
5. Oliban : encens.
6. Myrrhe : résine aromatique précieuse.

114 CHANSON D'APRÈS-MIDI

Quoique tes sourcils méchants
Te donnent un air étrange
Qui n'est pas celui d'un ange,
Sorcière aux yeux alléchants,

Je t'adore, ô ma frivole,
Ma terrible passion !
Avec la dévotion
Du prêtre pour son idole.

Le désert et la forêt
Embaument tes tresses rudes,
Ta tête a les attitudes
De l'énigme et du secret.

Sur ta chair le parfum rôde
Comme autour d'un encensoir ;
Tu charmes comme le soir,
Nymphe[1] ténébreuse et chaude.

Ah ! les philtres[2] les plus forts
Ne valent pas ta paresse,
Et tu connais la caresse
Qui fait revivre les morts !

Tes hanches sont amoureuses
De ton dos et de tes seins,
Et tu ravis les coussins
Par tes poses langoureuses.

---
1. Nymphe : divinité des bois et des fleuves, au corps gracieux.
2. Philtre : breuvage magique.

Quelquefois, pour apaiser
Ta rage mystérieuse,
Tu prodigues, sérieuse,
La morsure et le baiser ;

Tu me déchires, ma brune,
Avec un rire moqueur,
Et puis tu mets sur mon cœur
Ton œil doux comme la lune.

Sous tes souliers de satin,
Sous tes charmants pieds de soie,
Moi, je mets ma grande joie,
Mon génie et mon destin,

Mon âme par toi guérie,
Par toi, lumière et couleur !
Explosion de chaleur
Dans ma noire Sibérie !

115 SISINA [1]

Imaginez Diane [2] en galant équipage,
Parcourant les forêts ou battant les halliers [3],
Cheveux et gorge au vent, s'enivrant de tapage,
Superbe et défiant les meilleurs cavaliers !

---

1. Ce poème est inspiré par Elisa Neri, une amie de Madame Sabatier.
2. Diane : déesse de la chasse.
3. Halliers : buissons serrés et touffus.

Avez-vous vu Théroigne[1], amante du carnage,
Excitant à l'assaut du peuple sans souliers,
La joue et l'œil en feu, jouant son personnage,
Et montant, sabre au poing, les royaux escaliers ?

Telle la Sisina ! Mais la douce guerrière
A l'âme charitable autant que meurtrière ;
Son courage, affolé de poudre et de tambours,

Devant les suppliants sait mettre bas les armes,
Et son cœur, ravagé par la flamme, a toujours,
Pour qui s'en montre digne, un réservoir de larmes.

116 SONNET D'AUTOMNE

Ils me disent, tes yeux, clairs comme le cristal :
« Pour toi, bizarre amant, quel est donc mon mérite ? »
– Sois charmante et tais-toi ! Mon cœur, que tout irrite
Excepté la candeur de l'antique animal,

Ne veut pas te montrer son secret infernal,
Berceuse dont la main aux longs sommeils m'invite,
Ni sa noire légende avec la flamme écrite.
Je hais la passion et l'esprit me fait mal !

Aimons-nous doucement. L'Amour dans sa guérite[2],
Ténébreux, embusqué, bande son arc fatal.
Je connais les engins de son vieil arsenal :

---

1. Théroigne : Théroigne de Méricourt (1762-1817), héroïne de la Révolution.
2. Guérite : abri.

Crime, horreur et folie ! – Ô pâle marguerite !
Comme moi n'es-tu pas un soleil automnal,
Ô ma si blanche, ô ma si froide Marguerite ?

117 Une gravure fantastique[1]

Ce spectre singulier n'a pour toute toilette,
Grotesquement campé sur son front de squelette,
Qu'un diadème affreux sentant le carnaval.
Sans éperons[2], sans fouet, il essouffle un cheval,
Fantôme comme lui, rosse[3] apocalyptique,
Qui bave des naseaux comme un épileptique.
Au travers de l'espace ils s'enfoncent tous deux,
Et foulent l'infini d'un sabot hasardeux.
Le cavalier promène un sabre qui flamboie
Sur les foules sans nom que sa monture broie,
Et parcourt, comme un prince inspectant sa maison,
Le cimetière immense et froid, sans horizon,
Où gisent, aux lueurs d'un soleil blanc et terne,
Les peuples de l'histoire ancienne et moderne.

118 Obsession

Grands bois, vous m'effrayez comme des cathédrales ;
Vous hurlez comme l'orgue ; et dans nos cœurs maudits,
Chambres d'éternel deuil où vibrent de vieux râles,
Répondent les échos de vos *De profundis*[4].

---

[1] Ce poème peut avoir pour origine une gravure de Thomas Haynes (1760-1829), inspirée de l'Apocalypse.
[2] **Éperon** : pièce de métal, fixée au talon du cavalier, pour piquer les flancs du cheval.
[3] **Rosse** : mauvais cheval.
[4] *De profundis* : psaume de la Bible, que l'on récite pour un défunt.

5 Je te hais, Océan ! tes bonds et tes tumultes,
Mon esprit les retrouve en lui ; ce rire amer
De l'homme vaincu, plein de sanglots et d'insultes,
Je l'entends dans le rire énorme de la mer.

Comme tu me plairais, ô nuit ! sans ces étoiles
10 Dont la lumière parle un langage connu !
Car je cherche le vide, et le noir, et le nu !

Mais les ténèbres sont elles-mêmes des toiles
Où vivent, jaillissant de mon œil par milliers,
Des êtres disparus aux regards familiers.

119 LE GOÛT DU NÉANT

Morne[1] esprit, autrefois amoureux de la lutte,
L'Espoir, dont l'éperon[2] attisait ton ardeur,
Ne veut plus t'enfourcher ! Couche-toi sans pudeur,
Vieux cheval dont le pied à chaque obstacle bute.

5 Résigne-toi, mon cœur ; dors ton sommeil de brute.

Esprit vaincu, fourbu[3] ! Pour toi, vieux maraudeur[4],
L'amour n'a plus de goût, non plus que la dispute ;
Adieu donc, chants du cuivre et soupirs de la flûte !
Plaisirs, ne tentez plus un cœur sombre et boudeur !

10 Le Printemps adorable a perdu son odeur !

---

1. Morne : triste et abattu.
2. Éperon : pièce de métal, fixée au talon du cavalier, pour piquer les flancs du cheval.
3. Fourbu : épuisé de fatigue.
4. Maraudeur : voleur.

Et le Temps[1] m'engloutit minute par minute,
Comme la neige immense un corps pris de roideur[2] ;
Je contemple d'en haut le globe en sa rondeur
Et je n'y cherche plus l'abri d'une cahute[3].

15   Avalanche, veux-tu m'emporter dans ta chute ?

120 ALCHIMIE DE LA DOULEUR

L'un t'éclaire avec son ardeur,
L'autre en toi met son deuil, Nature !
Ce qui dit à l'un : Sépulture !
Dit à l'autre : Vie et splendeur !

5   Hermès[4] inconnu qui m'assistes
Et qui toujours m'intimidas,
Tu me rends l'égal de Midas[5],
Le plus triste des alchimistes ;

Par toi je change l'or en fer
10 Et le paradis en enfer ;
Dans le suaire[6] des nuages

Je découvre un cadavre cher,
Et sur les célestes rivages
Je bâtis de grands sarcophages[7].

---

1. Le Temps : allusion à Cronos, le Titan qui dévora ses propres enfants.
2. Roideur : raideur.
3. Cahute : cabane.
4. Hermès : dans la mythologie grecque, dieu des voyageurs et conducteur des âmes des morts.
5. Midas : roi de Phrygie, qui obtint le pouvoir de transformer ce qu'il touchait en or.
6. Suaire : linceul.
7. Sarcophage : cercueil de pierre.

121 Horreur sympathique

De ce ciel bizarre et livide,
Tourmenté comme ton destin,
Quels pensers[1] dans ton âme vide
Descendent ? réponds, libertin.

— Insatiablement[2] avide[3]
De l'obscur et de l'incertain,
Je ne geindrai pas comme Ovide[4]
Chassé du paradis latin.

Cieux déchirés comme des grèves[5],
En vous se mire mon orgueil ;
Vos vastes nuages en deuil

Sont les corbillards de mes rêves,
Et vos lueurs sont le reflet
De l'Enfer où mon cœur se plaît.

122 L'horloge[6]

Horloge ! dieu sinistre, effrayant, impassible,
Dont le doigt nous menace et nous dit : « *Souviens-toi !*
Les vibrantes Douleurs dans ton cœur plein d'effroi
Se planteront bientôt comme dans une cible ;

---

1. Pensers : pensées.
2. Insatiablement : de façon à ne jamais pourvoir être rassasié.
3. Avide : qui désire sans modération.
4. Ovide : poète latin (43 av. J.-C.-17).
5. Grève : terrain plat situé au bord de la mer.
6. Dans l'édition de 1861, ce poème clôt la section « Spleen et Idéal ».

« Le Plaisir vaporeux fuira vers l'horizon
Ainsi qu'une sylphide[1] au fond de la coulisse ;
Chaque instant te dévore un morceau du délice
À chaque homme accordé pour toute sa saison.

« Trois mille six cents fois par heure, la Seconde
Chuchote : *Souviens-toi !* – Rapide, avec sa voix
D'insecte, Maintenant dit : Je suis Autrefois,
Et j'ai pompé ta vie avec ma trompe immonde !

« *Remember ! Souviens-toi*, prodigue ! *Esto memor* !
(Mon gosier de métal parle toutes les langues.)
Les minutes, mortel folâtre[2], sont des gangues[3]
Qu'il ne faut pas lâcher sans en extraire l'or !

« *Souviens-toi* que le Temps est un joueur avide[4]
Qui gagne sans tricher, à tout coup ! c'est la loi.
Le jour décroît ; la nuit augmente ; *souviens-toi* !
Le gouffre a toujours soif ; la clepsydre[5] se vide.

« Tantôt sonnera l'heure où le divin Hasard
Où l'auguste[6] Vertu, ton épouse encor[7] vierge,
Où le Repentir même (oh ! la dernière auberge !),
Où tout te dira : Meurs, vieux lâche ! il est trop tard ! »

---

1. **Sylphide :** génie aérien féminin plein de grâce.
2. **Folâtre :** qui aime plaisanter.
3. **Gangue :** substance qui entoure un minerai.
4. **Avide :** qui désire sans modération.
5. **Clepsydre :** horloge à eau.
6. **Auguste :** digne d'un grand respect.
7. **Encor :** encore (licence poétique).

Tableaux parisiens

123 PAYSAGE

Je veux, pour composer chastement mes églogues [1],
Coucher auprès du ciel, comme les astrologues,
Et, voisin des clochers, écouter en rêvant
Leurs hymnes solennels emportés par le vent.
Les deux mains au menton, du haut de ma mansarde,
Je verrai l'atelier qui chante et qui bavarde ;
Les tuyaux, les clochers, ces mâts de la cité,
Et les grands ciels qui font rêver d'éternité.

Il est doux, à travers les brumes, de voir naître
L'étoile dans l'azur, la lampe à la fenêtre,
Les fleuves de charbon monter au firmament
Et la lune verser son pâle enchantement.
Je verrai les printemps, les étés, les automnes ;
Et quand viendra l'hiver aux neiges monotones,
Je fermerai partout portières et volets
Pour bâtir dans la nuit mes féeriques palais.
Alors, je rêverai des horizons bleuâtres,
Des jardins, des jets d'eau pleurant dans les albâtres [2],
Des baisers, des oiseaux chantant soir et matin,

---

1. Églogue : petit poème pastoral.
2. Albâtres : coupes ou statues en albâtre, minéral de couleur blanche.

20   Et tout ce que l'Idylle[1] a de plus enfantin.
     L'Émeute, tempêtant vainement à ma vitre,
     Ne fera pas lever mon front de mon pupitre ;
     Car je serai plongé dans cette volupté
     D'évoquer le Printemps avec ma volonté,
25   De tirer un soleil de mon cœur, et de faire
     De mes pensers[2] brûlants une tiède atmosphère.

124 LE CYGNE

À Victor Hugo[3].

I

Andromaque[4], je pense à vous ! Ce petit fleuve,
Pauvre et triste miroir où jadis resplendit
L'immense majesté de vos douleurs de veuve,
Ce Simoïs[5] menteur qui par vos pleurs grandit,

5   À fécondé soudain ma mémoire fertile,
     Comme je traversais le nouveau Carrousel[6].
     Le vieux Paris n'est plus (la forme d'une ville
     Change plus vite, hélas ! que le cœur d'un mortel) ;

---

1. Idylle : églogue, petit poème pastoral.
2. Pensers : pensées.
3. Victor Hugo : écrivain français (1802-1885).
4. Andromaque : dans la mythologie grecque, veuve d'Hector puis épouse délaissée de Pyrrhus.
5. Simoïs : dans la mythologie grecque, dieu fleuve débouchant dans la plaine de Troie.
6. Le nouveau Carrousel : arc de triomphe du Carrousel, à Paris, près du Louvre et du jardin des Tuileries.

Je ne vois qu'en esprit tout ce camp de baraques,
10   Ces tas de chapiteaux ébauchés et de fûts,
Les herbes, les gros blocs verdis par l'eau des flaques,
Et, brillant aux carreaux, le bric-à-brac confus.

Là, s'étalait jadis une ménagerie ;
Là, je vis, un matin, à l'heure où sous les cieux
15   Froids et clairs le Travail s'éveille, où la voirie
Pousse un sombre ouragan dans l'air silencieux,

Un cygne qui s'était évadé de sa cage,
Et, de ses pieds palmés frottant le pavé sec,
Sur le sol raboteux[1] traînait son blanc plumage.
20   Près d'un ruisseau sans eau la bête ouvrant le bec

Baignait nerveusement ses ailes dans la poudre,
Et disait, le cœur plein de son beau lac natal :
« Eau, quand donc pleuvras-tu ? quand tonneras-tu, foudre ? »
Je vois ce malheureux, mythe étrange et fatal,

25   Vers le ciel quelquefois, comme l'homme d'Ovide[2],
Vers le ciel ironique et cruellement bleu,
Sur son cou convulsif[3] tendant sa tête avide[4],
Comme s'il adressait des reproches à Dieu !

---

1. Raboteux : dont la surface présente des irrégularités.
2. Ovide : poète latin (43 av. J.-C.-17).
3. Convulsif : pris de contractions violentes et involontaires.
4. Avide : qui désire sans modération.

II

Paris change ! mais rien dans ma mélancolie
30 N'a bougé ! palais neufs, échafaudages, blocs,
Vieux faubourgs, tout pour moi devient allégorie[1],
Et mes chers souvenirs sont plus lourds que des rocs.

Aussi devant ce Louvre une image m'opprime :
Je pense à mon grand cygne, avec ses gestes fous,
35 Comme les exilés, ridicule et sublime,
Et rongé d'un désir sans trêve ! et puis à vous,

Andromaque, des bras d'un grand époux tombée,
Vil[2] bétail, sous la main du superbe Pyrrhus,
Auprès d'un tombeau vide en extase courbée ;
40 Veuve d'Hector, hélas ! et femme d'Hélénus[3] !

Je pense à la négresse, amaigrie et phtisique[4],
Piétinant dans la boue, et cherchant, l'œil hagard,
Les cocotiers absents de la superbe Afrique
Derrière la muraille immense du brouillard ;

45 À quiconque a perdu ce qui ne se retrouve
Jamais, jamais ! à ceux qui s'abreuvent de pleurs
Et tètent la Douleur comme une bonne louve !
Aux maigres orphelins séchant comme des fleurs !

---

1. Allégorie : représentation concrète d'une idée abstraite.
2. Vil : qui suscite le mépris.
3. Et femme d'Hélénus : délaissée par Pyrrhus, Andromaque a été donnée à son beau-frère Hélénus.
4. Phtisique : atteinte de tuberculose.

Ainsi dans la forêt où mon esprit s'exile
50 Un vieux Souvenir sonne à plein souffle du cor !
Je pense aux matelots oubliés dans une île,
Aux captifs, aux vaincus !... à bien d'autres encor[1] !

125 LES SEPT VIEILLARDS

À Victor Hugo.

Fourmillante cité, cité pleine de rêves,
Où le spectre en plein jour raccroche[2] le passant !
Les mystères partout coulent comme des sèves
Dans les canaux étroits du colosse puissant.

5 Un matin, cependant que dans la triste rue
Les maisons, dont la brume allongeait la hauteur,
Simulaient les deux quais d'une rivière accrue,
Et que, décor semblable à l'âme de l'acteur,

Un brouillard sale et jaune inondait tout l'espace,
10 Je suivais, roidissant[3] mes nerfs comme un héros
Et discutant avec mon âme déjà lasse,
Le faubourg secoué par les lourds tombereaux[4].

Tout à coup, un vieillard dont les guenilles[5] jaunes
Imitaient la couleur de ce ciel pluvieux,

---

1. Encor : encore (licence poétique).
2. Raccroche : aborde.
3. Roidissant : raidissant.
4. Tombereaux : voitures équipées d'une caisse pouvant être déchargée par un mouvement de bascule.
5. Guenilles : vêtements en lambeaux.

15 Et dont l'aspect aurait fait pleuvoir les aumônes,
Sans la méchanceté qui luisait dans ses yeux,
M'apparut. On eût dit sa prunelle trempée
Dans le fiel[1] ; son regard aiguisait les frimas[2],
Et sa barbe à longs poils, roide[3] comme une épée,
20 Se projetait, pareille à celle de Judas[4].

Il n'était pas voûté, mais cassé, son échine
Faisant avec sa jambe un parfait angle droit,
Si bien que son bâton, parachevant sa mine,
Lui donnait la tournure et le pas maladroit

25 D'un quadrupède infirme ou d'un juif à trois pattes[5].
Dans la neige et la boue il allait s'empêtrant,
Comme s'il écrasait des morts sous ses savates,
Hostile à l'univers plutôt qu'indifférent.

Son pareil le suivait : barbe, œil, dos, bâton, loques,
30 Nul trait ne distinguait, du même enfer venu,
Ce jumeau centenaire, et ces spectres baroques
Marchaient du même pas vers un but inconnu.

À quel complot infâme étais-je donc en butte,
Ou quel méchant hasard ainsi m'humiliait ?
35 Car je comptai sept fois, de minute en minute,
Ce sinistre vieillard qui se multipliait !

---

1. Fiel : amertume accompagnée de méchanceté.
2. Frimas : brouillard givrant.
3. Roide : raide.
4. Judas : dans le Nouveau Testament, apôtre de Jésus qui le trahit.
5. Allusion à l'énigme posée par le Sphynx à l'entrée de Thèbes.

Que celui-là qui rit de mon inquiétude,
Et qui n'est pas saisi d'un frisson fraternel,
Songe bien que malgré tant de décrépitude[1]
40 Ces sept monstres hideux avaient l'air éternel !

Aurais-je, sans mourir, contemplé le huitième,
Sosie inexorable, ironique et fatal,
Dégoûtant Phénix[2], fils et père de lui-même ?
– Mais je tournai le dos au cortège infernal.

45 Exaspéré comme un ivrogne qui voit double,
Je rentrai, je fermai ma porte, épouvanté,
Malade et morfondu, l'esprit fiévreux et trouble,
Blessé par le mystère et par l'absurdité !

Vainement ma raison voulait prendre la barre ;
50 La tempête en jouant déroutait ses efforts,
Et mon âme dansait, dansait, vieille gabarre[3]
Sans mâts, sur une mer monstrueuse et sans bords !

126 LES PETITES VIEILLES

À Victor Hugo.

I

Dans les plis sinueux des vieilles capitales,
Où tout, même l'horreur, tourne aux enchantements,
Je guette, obéissant à mes humeurs fatales,
Des êtres singuliers, décrépits et charmants.

---

1. **Décrépitude** : déchéance.
2. **Phénix** : animal fabuleux qui renaît de ses cendres.
3. **Gabarre** : embarcation permettant le transport de marchandises.

5   Ces monstres disloqués furent jadis des femmes,
    Éponine[1] ou Laïs[2] ! Monstres brisés, bossus
    Ou tordus, aimons-les ! ce sont encor[3] des âmes.
    Sous des jupons troués et sous de froids tissus

    Ils rampent, flagellés par les bises[4] iniques[5],
10 Frémissant au fracas roulant des omnibus,
    Et serrant sur leur flanc, ainsi que des reliques,
    Un petit sac brodé de fleurs ou de rébus ;

    Ils trottent, tout pareils à des marionnettes ;
    Se traînent, comme font les animaux blessés,
15 Ou dansent, sans vouloir danser, pauvres sonnettes
    Où se pend un Démon sans pitié ! Tout cassés

    Qu'ils sont, ils ont des yeux perçants comme une vrille[6],
    Luisants comme ces trous où l'eau dort dans la nuit ;
    Ils ont les yeux divins de la petite fille
20 Qui s'étonne et qui rit à tout ce qui reluit.

    — Avez-vous observé que maints cercueils de vieilles
    Sont presque aussi petits que celui d'un enfant ?
    La Mort savante met dans ces bières pareilles
    Un symbole d'un goût bizarre et captivant,

---

1. Éponine : femme du Gaulois Sabinus, qui aida indéfectiblement son mari et ne voulut pas lui survivre.
2. Laïs : nom de plusieurs courtisanes.
3. Encor : encore (licence poétique).
4. Bise : vent sec et froid.
5. Inique : injuste.
6. Vrille : outil formé d'une tige terminée par une vis.

25 Et lorsque j'entrevois un fantôme débile[1]
Traversant de Paris le fourmillant tableau,
Il me semble toujours que cet être fragile
S'en va tout doucement vers un nouveau berceau ;

À moins que, méditant sur la géométrie,
30 Je ne cherche, à l'aspect de ces membres discords,
Combien de fois il faut que l'ouvrier varie
La forme de la boîte où l'on met tous ces corps.

– Ces yeux sont des puits faits d'un million de larmes,
Des creusets qu'un métal refroidi pailleta...
35 Ces yeux mystérieux ont d'invincibles charmes
Pour celui que l'austère Infortune allaita !

II

De Frascati[2] défunt Vestale[3] enamourée ;
Prêtresse de Thalie[4], hélas ! dont le souffleur
Enterré sait le nom ; célèbre évaporée
40 Que Tivoli[5] jadis ombragea dans sa fleur,

Toutes m'enivrent ! mais parmi ces êtres frêles
Il en est qui, faisant de la douleur un miel,
Ont dit au Dévouement qui leur prêtait ses ailes :
Hippogriffe[6] puissant, mène-moi jusqu'au ciel !

---

1. **Débile** : sans force physique.
2. **Frascati** : lieu de villégiature romain, qui donna son nom à un hôtel particulier parisien, dédié aux jeux et aux bals, et détruit en 1836.
3. **Vestale** : dans l'Antiquité romaine, prêtresse chaste gardienne du feu sacré.
4. **Thalie** : muse de la comédie et de la poésie légère.
5. **Tivoli** : ville de villégiature italienne, célèbre pour ses jardins et ses fontaines.
6. **Hippogriffe** : animal fabuleux, moitié cheval, moitié griffon.

45 L'une, par sa patrie au malheur exercée[1],
L'autre, que son époux surchargea de douleurs,
L'autre, par son enfant Madone[2] transpercée,
Toutes auraient pu faire un fleuve avec leurs pleurs !

III

Ah ! que j'en ai suivi de ces petites vieilles !
50 Une, entre autres, à l'heure où le soleil tombant
Ensanglante le ciel de blessures vermeilles[3],
Pensive, s'asseyait à l'écart sur un banc,

Pour entendre un de ces concerts, riches de cuivre,
Dont les soldats parfois inondent nos jardins,
55 Et qui, dans ces soirs d'or où l'on se sent revivre,
Versent quelque héroïsme au cœur des citadins.

Celle-là, droite encor[4], fière et sentant la règle,
Humait avidement ce chant vif et guerrier ;
Son œil parfois s'ouvrait comme l'œil d'un vieil aigle ;
60 Son front de marbre avait l'air fait pour le laurier !

IV

Telles vous cheminez, stoïques[5] et sans plaintes,
À travers le chaos des vivantes cités,
Mères au cœur saignant, courtisanes ou saintes,
Dont autrefois les noms par tous étaient cités.

---

1. **Exercée** : mise à l'épreuve.
2. **Madone** : représentation de la Vierge.
3. **Vermeille** : d'un rouge vif et léger.
4. **Encor** : encore (licence poétique).
5. **Stoïque** : impassible.

65   Vous qui fûtes la grâce ou qui fûtes la gloire,
     Nul ne vous reconnaît ! un ivrogne incivil
     Vous insulte en passant d'un amour dérisoire ;
     Sur vos talons gambade un enfant lâche et vil[1].

     Honteuses d'exister, ombres ratatinées,
70   Peureuses, le dos bas, vous côtoyez les murs ;
     Et nul ne vous salue, étranges destinées !
     Débris d'humanité pour l'éternité mûrs !

     Mais moi, moi qui de loin tendrement vous surveille,
     L'œil inquiet, fixé sur vos pas incertains,
75   Tout comme si j'étais votre père, ô merveille !
     Je goûte à votre insu des plaisirs clandestins :

     Je vois s'épanouir vos passions novices[2] ;
     Sombres ou lumineux, je vis vos jours perdus ;
     Mon cœur multiplié jouit de tous vos vices !
80   Mon âme resplendit de toutes vos vertus !

     Ruines ! ma famille ! ô cerveaux congénères[3] !
     Je vous fais chaque soir un solennel adieu !
     Où serez-vous demain, Èves[4] octogénaires,
     Sur qui pèse la griffe effroyable de Dieu ?

---

1. Vil : qui suscite le mépris.
2. Novice : qui manque d'expérience.
3. Congénère : qui appartient au même genre.
4. Èves : dans le récit de la Genèse, Ève est la première femme.

127 Les aveugles

Contemple-les, mon âme ; ils sont vraiment affreux !
Pareils aux mannequins ; vaguement ridicules ;
Terribles, singuliers comme les somnambules ;
Dardant[1] on ne sait où leurs globes ténébreux.

5 Leurs yeux, d'où la divine étincelle est partie,
Comme s'ils regardaient au loin, restent levés
Au ciel ; on ne les voit jamais vers les pavés
Pencher rêveusement leur tête appesantie.

Ils traversent ainsi le noir illimité,
10 Ce frère du silence éternel. Ô cité !
Pendant qu'autour de nous tu chantes, ris et beugles,

Éprise du plaisir jusqu'à l'atrocité,
Vois ! je me traîne aussi ! mais, plus qu'eux hébété[2],
Je dis : que cherchent-ils au Ciel, tous ces aveugles ?

128 À une passante

La rue assourdissante autour de moi hurlait.
Longue, mince, en grand deuil, douleur majestueuse,
Une femme passa, d'une main fastueuse[3]
Soulevant, balançant le feston[4] et l'ourlet ;

---

1. **Dardant** : lançant.
2. **Hébété** : ahuri.
3. **Fastueuse** : luxueuse.
4. **Feston** : broderie utilisée comme bordure d'une étoffe.

5   Agile et noble, avec sa jambe de statue.
Moi, je buvais, crispé comme un extravagant,
Dans son œil, ciel livide où germe l'ouragan,
La douceur qui fascine et le plaisir qui tue.

Un éclair... puis la nuit ! – Fugitive beauté
10 Dont le regard m'a fait soudainement renaître,
Ne te verrai-je plus que dans l'éternité ?

Ailleurs, bien loin d'ici ! trop tard ! *jamais* peut-être !
Car j'ignore où tu fuis, tu ne sais où je vais,
Ô toi que j'eusse aimée, ô toi qui le savais !

129 LE SQUELETTE LABOUREUR

I

Dans les planches d'anatomie
Qui traînent sur ces quais poudreux
Où maint livre cadavéreux
Dort comme une antique momie,

5   Dessins auxquels la gravité
Et le savoir d'un vieil artiste,
Bien que le sujet en soit triste,
Ont communiqué la Beauté,

On voit, ce qui rend plus complètes
10 Ces mystérieuses horreurs,
Bêchant comme des laboureurs,
Des Écorchés[1] et des Squelettes.

---

1. Écorché : statue d'homme ou d'animal dépouillés, servant de modèle aux étudiants des beaux-arts.

II

  De ce terrain que vous fouillez,
  Manants[1] résignés et funèbres,
  De tout l'effort de vos vertèbres,
  Ou de vos muscles dépouillés,

  Dites, quelle moisson étrange,
  Forçats[2] arrachés au charnier[3],
  Tirez-vous, et de quel fermier
  Avez-vous à remplir la grange ?

  Voulez-vous (d'un destin trop dur
  Épouvantable et clair emblème !)
  Montrer que dans la fosse même
  Le sommeil promis n'est pas sûr ;

  Qu'envers nous le Néant est traître ;
  Que tout, même la Mort, nous ment,
  Et que sempiternellement,
  Hélas ! il nous faudra peut-être

  Dans quelque pays inconnu
  Écorcher la terre revêche
  Et pousser une lourde bêche
  Sous notre pied sanglant et nu ?

---

1. **Manant** : paysan.
2. **Forçat** : condamné aux travaux forcés.
3. **Charnier** : lieu où sont entassés des cadavres.

130 DANSE MACABRE

À Ernest Christophe[1].

Fière, autant qu'un vivant, de sa noble stature,
Avec son gros bouquet, son mouchoir et ses gants,
Elle a la nonchalance et la désinvolture
D'une coquette maigre aux airs extravagants.

5 Vit-on jamais au bal une taille plus mince ?
Sa robe exagérée, en sa royale ampleur,
S'écroule abondamment sur un pied sec que pince
Un soulier pomponné, joli comme une fleur.

La ruche qui se joue au bord des clavicules,
10 Comme un ruisseau lascif[2] qui se frotte au rocher,
Défend pudiquement des lazzi[3] ridicules
Les funèbres appas[4] qu'elle tient à cacher.

Ses yeux profonds sont faits de vide et de ténèbres,
Et son crâne, de fleurs artistement coiffé,
15 Oscille mollement sur ses frêles vertèbres.
Ô charme d'un néant follement attifé[5] !

Aucuns t'appelleront une caricature,
Qui ne comprennent pas, amants ivres de chair,
L'élégance sans nom de l'humaine armature.
20 Tu réponds, grand squelette à mon goût le plus cher !

---

1. Ernest Christophe : sculpteur français (1827-1892).
2. Lascif : d'une grande sensualité.
3. Lazzi : moqueries.
4. Appas : charmes.
5. Attifé : paré (sens familier et ironique).

Viens-tu troubler, avec ta puissante grimace,
La fête de la Vie ? ou quelque vieux désir,
Éperonnant encor[1] ta vivante carcasse,
Te pousse-t-il, crédule, au sabbat[2] du Plaisir ?

25 Au chant des violons, aux flammes des bougies,
Espères-tu chasser ton cauchemar moqueur,
Et viens-tu demander au torrent des orgies[3]
De rafraîchir l'enfer allumé dans ton cœur ?

Inépuisable puits de sottise et de fautes !
30 De l'antique douleur éternel alambic[4] !
À travers le treillis recourbé de tes côtes
Je vois, errant encor, l'insatiable aspic[5].

Pour dire vrai, je crains que ta coquetterie
Ne trouve pas un prix digne de ses efforts ;
35 Qui, de ces cœurs mortels, entend la raillerie ?
Les charmes de l'horreur n'enivrent que les forts !

Le gouffre de tes yeux, plein d'horribles pensées,
Exhale le vertige, et les danseurs prudents
Ne contempleront pas sans d'amères nausées
40 Le sourire éternel de tes trente-deux dents.

---

1. Encor : encore (licence poétique).
2. Sabbat : danse frénétique.
3. Orgie : festivités marquées par les excès et la débauche. Plus particulièrement : excès de plaisir.
4. Alambic : appareil servant à la distillation de l'alcool.
5. Aspic : vipère.

Pourtant, qui n'a serré dans ses bras un squelette,
Et qui ne s'est nourri des choses du tombeau ?
Qu'importe le parfum, l'habit ou la toilette ?
Qui fait le dégoûté montre qu'il se croit beau.

45 Bayadère[1] sans nez, irrésistible gouge[2],
Dis donc à ces danseurs qui font les offusqués :
« Fiers mignons, malgré l'art des poudres et du rouge
Vous sentez tous la mort ! Ô Squelettes musqués,

« Antinoüs[3] flétris, dandys à face glabre,
50 Cadavres vernissés, lovelaces[4] chenus[5],
Le branle[6] universel de la danse macabre
Vous entraîne en des lieux qui ne sont pas connus !

« Des quais froids de la Seine aux bords brûlants du Gange[7],
Le troupeau mortel saute et se pâme, sans voir
55 Dans un trou du plafond la trompette de l'Ange
Sinistrement béante ainsi qu'un tromblon[8] noir.

« En tout climat, sous tout soleil ; la Mort t'admire
En tes contorsions, risible Humanité,
Et souvent, comme toi, se parfumant de myrrhe[9],
60 Mêle son ironie à ton insanité[10] ! »

---

1. **Bayadère** : danseuse sacrée de l'Inde.
2. **Gouge** : courtisane accompagnant les armées.
3. **Antinoüs** : jeune Grec d'une grande beauté.
4. **Lovelace** : séducteur.
5. **Chenu** : devenu blanc de vieillesse.
6. **Branle** : mouvement d'oscillation.
7. **Gange** : fleuve de l'Inde.
8. **Tromblon** : arme à feu.
9. **Myrrhe** : résine aromatique précieuse.
10. **Insanité** : folie.

131 L'AMOUR DU MENSONGE

Quand je te vois passer, ô ma chère indolente[1],
Au chant des instruments qui se brise au plafond
Suspendant ton allure harmonieuse et lente,
Et promenant l'ennui de ton regard profond ;

5 Quand je contemple, aux feux du gaz qui le colore,
Ton front pâle, embelli par un morbide[2] attrait,
Où les torches du soir allument une aurore,
Et tes yeux attirants comme ceux d'un portrait,

Je me dis : Qu'elle est belle ! et bizarrement fraîche !
10 Le souvenir massif, royale et lourde tour,
La couronne, et son cœur, meurtri comme une pêche,
Est mûr, comme son corps pour le savant amour.

Es-tu le fruit d'automne aux saveurs souveraines ?
Es-tu vase funèbre attendant quelques pleurs,
15 Parfum qui fait rêver aux oasis lointaines,
Oreiller caressant, ou corbeille de fleurs ?

Je sais qu'il est des yeux, des plus mélancoliques,
Qui ne recèlent point de secrets précieux ;
Beaux écrins sans joyaux, médaillons sans reliques,
20 Plus vides, plus profonds que vous-mêmes, ô Cieux !

---

1. Indolente : personne qui évite de se donner de la peine, de faire des efforts physiques ou moraux.
2. Morbide : maladif.

Mais ne suffit-il pas que tu sois l'apparence,
Pour réjouir un cœur qui fuit la vérité ?
Qu'importe ta bêtise ou ton indifférence ?
Masque ou décor, salut ! J'adore ta beauté.

132 RÊVE PARISIEN

À Constantin Guys[1].

I

De ce terrible paysage,
Tel que jamais mortel n'en vit,
Ce matin encore l'image,
Vague et lointaine, me ravit.

Le sommeil est plein de miracles !
Par un caprice singulier,
J'avais banni de ces spectacles
Le végétal irrégulier,

Et, peintre fier de mon génie,
Je savourais dans mon tableau
L'enivrante monotonie
Du métal, du marbre et de l'eau.

Babel[2] d'escaliers et d'arcades,
C'était un palais infini,
Plein de bassins et de cascades
Tombant dans l'or mat ou bruni ;

---

1. Constantin Guys : dessinateur et graveur français (1802-1892).
2. Babel : dans la Genèse, la tour de Babel avait été construite pour se rapprocher des cieux. En représailles, Dieu y introduisit la diversité des langues, empêchant ainsi les hommes de se comprendre.

Et des cataractes[1] pesantes,
Comme des rideaux de cristal,
Se suspendaient, éblouissantes,
À des murailles de métal.

Non d'arbres, mais de colonnades
Les étangs dormants s'entouraient,
Où de gigantesques naïades[2],
Comme des femmes, se miraient.

Des nappes d'eau s'épanchaient, bleues,
Entre des quais roses et verts,
Pendant des millions de lieues,
Vers les confins de l'univers ;

C'étaient des pierres inouïes
Et des flots magiques ; c'étaient
D'immenses glaces éblouies
Par tout ce qu'elles reflétaient !

Insouciants et taciturnes,
Des Ganges[3], dans le firmament,
Versaient le trésor de leurs urnes
Dans des gouffres de diamant.

Architecte de mes féeries,
Je faisais, à ma volonté,
Sous un tunnel de pierreries
Passer un océan dompté ;

---

1. **Cataractes** : cascades.
2. **Naïades** : divinités des rivières.
3. **Des Ganges** : référence au principal fleuve de l'Inde.

Et tout, même la couleur noire,
Semblait fourbi, clair, irisé ;
Le liquide enchâssait sa gloire
Dans le rayon cristallisé.

Nul astre d'ailleurs, nuls vestiges
De soleil, même au bas du ciel,
Pour illuminer ces prodiges,
Qui brillaient d'un feu personnel !

Et sur ces mouvantes merveilles
Planait (terrible nouveauté !
Tout pour l'œil, rien pour les oreilles !)
Un silence d'éternité.

II

En rouvrant mes yeux pleins de flamme
J'ai vu l'horreur de mon taudis,
Et senti, rentrant dans mon âme,
La pointe des soucis maudits ;

La pendule aux accents funèbres
Sonnait brutalement midi,
Et le ciel versait des ténèbres
Sur le triste monde engourdi.

POÈMES APPORTÉS PAR *LES ÉPAVES* (1866)

En 1866, la parution des *Épaves* répond au souhait de Baudelaire de réimprimer, hors de France, les pièces condamnées en 1857. Pour cela, il fait paraître en Belgique un court recueil de vingt-trois poèmes incluant les six pièces précédemment condamnées et le poème « Franciscæ meæ laudes », repris de l'édition originale.

Les Épaves

133 LE COUCHER DU SOLEIL ROMANTIQUE

Que le Soleil est beau quand tout frais il se lève,
Comme une explosion nous lançant son bonjour !
– Bienheureux celui-là qui peut avec amour
Saluer son coucher plus glorieux qu'un rêve !

5 Je me souviens !... J'ai vu tout, fleur, source, sillon,
Se pâmer sous son œil comme un cœur qui palpite...
– Courons vers l'horizon, il est tard, courons vite,
Pour attraper au moins un oblique rayon !

Mais je poursuis en vain le Dieu qui se retire ;
10 L'irrésistible Nuit établit son empire,
Noire, humide, funeste et pleine de frissons ;

Une odeur de tombeau dans les ténèbres nage,
Et mon pied peureux froisse, au bord du marécage,
Des crapauds imprévus et de froids limaçons.

134 Le jet d'eau

Tes beaux yeux sont las, pauvre amante !
Reste longtemps, sans les rouvrir,
Dans cette pose nonchalante
Où t'a surprise le plaisir.
Dans la cour le jet d'eau qui jase
Et ne se tait ni nuit ni jour,
Entretient doucement l'extase
Où ce soir m'a plongé l'amour.

La gerbe épanouie
    En mille fleurs,
Où Phœbé[1] réjouie
    Met ses couleurs,
Tombe comme une pluie
    De larges pleurs

Ainsi ton âme qu'incendie
L'éclair brûlant des voluptés
S'élance, rapide et hardie,
Vers les vastes cieux enchantés.
Puis, elle s'épanche, mourante,
En un flot de triste langueur,
Qui par une invisible pente
Descend jusqu'au fond de mon cœur.

---

[1] **Phœbé** : surnom de la déesse grecque Artémis, assimilée à la Lune.

> La gerbe épanouie
> > En mille fleurs,
> Où Phœbé réjouie
> > Met ses couleurs,
> Tombe comme une pluie
> > De larges pleurs
>
> Ô toi, que la nuit rend si belle,
> Qu'il m'est doux, penché vers tes seins,
> D'écouter la plainte éternelle
> Qui sanglote dans les bassins !
> Lune, eau sonore, nuit bénie,
> Arbres qui frissonnez autour,
> Votre pure mélancolie
> Est le miroir de mon amour.
>
> La gerbe épanouie
> > En mille fleurs,
> Où Phœbé réjouie
> > Met ses couleurs,
> Tombe comme une pluie
> > De larges pleurs

135 LES YEUX DE BERTHE

Vous pouvez mépriser les yeux les plus célèbres,
Beaux yeux de mon enfant, par où filtre et s'enfuit
Je ne sais quoi de bon, de doux comme la Nuit !
Beaux yeux, versez sur moi vos charmantes ténèbres !

5 Grands yeux de mon enfant, arcanes[1] adorées,
Vous ressemblez beaucoup à ces grottes magiques
Où derrière l'amas des ombres léthargiques[2],
Scintillent vaguement des trésors ignorés !

Mon enfant a des yeux obscurs, profonds et vastes,
10 Comme toi, Nuit immense, éclairés comme toi !
Leurs feux sont ces pensers[3] d'Amour, mêlés de Foi,
Qui pétillent au fond, voluptueux ou chastes.

136 HYMNE[4]

À la très chère, à la très belle
Qui remplit mon cœur de clarté,
À l'ange, à l'idole immortelle,
Salut en l'immortalité !

5 Elle se répand dans ma vie
Comme un air imprégné de sel,
Et dans mon âme inassouvie
Verse le goût de l'éternel.

Sachet toujours frais qui parfume
10 L'atmosphère d'un cher réduit,
Encensoir oublié qui fume
En secret à travers la nuit,

---

1. Arcanes : mystères.
2. Léthargique : endormie.
3. Pensers : pensées.
4. Ce poème a été adressé à Madame Sabatier.

Comment, amour incorruptible,
T'exprimer avec vérité ?
Grain de musc[1] qui gis, invisible,
Au fond de mon éternité !

À la très bonne, à la très belle,
Qui fait ma joie et ma santé,
À l'ange, à l'idole immortelle,
Salut en l'immortalité !

137 LES PROMESSES D'UN VISAGE

J'aime, ô pâle beauté, tes sourcils surbaissés,
    D'où semblent couler des ténèbres ;
Tes yeux, quoique très noirs, m'inspirent des pensers[2]
    Qui ne sont pas du tout funèbres.

Tes yeux, qui sont d'accord avec tes noirs cheveux,
    Avec ta crinière élastique,
Tes yeux, languissamment, me disent : « Si tu veux,
    Amant de la muse plastique[3],

« Suivre l'espoir qu'en toi nous avons excité,
    Et tous les goûts que tu professes,
Tu pourras constater notre véracité
    Depuis le nombril jusqu'aux fesses ;

---

1. Musc : parfum précieux très odorant, d'origine animale.
2. Pensers : pensées.
3. Plastique : qui a le pouvoir de donner une forme.

« Tu trouveras au bout de deux beaux seins bien lourds,
    Deux larges médailles de bronze,
Et sous un ventre uni, doux comme du velours,
    Bistré[1] comme la peau d'un bronze,

« Une riche toison qui, vraiment, est la sœur
    De cette énorme chevelure,
Souple et frisée, et qui t'égale en épaisseur,
    Nuit sans étoiles, Nuit obscure ! »

138 LE MONSTRE

OU LE PARANYMPHE[2] D'UNE NYMPHE[3] MACABRE

I

Tu n'es certes pas, ma très chère,
Ce que Veuillot[4] nomme un tendron[5].
Le jeu, l'amour, la bonne chère,
Bouillonnent en toi, vieux chaudron !
Tu n'es plus fraîche, ma très chère,

Ma vieille infante ! Et cependant
Tes caravanes[6] insensées
T'ont donné ce lustre abondant
Des choses qui sont très usées,
Mais qui séduisent cependant.

---

1. **Bistré** : d'un brun noirâtre.
2. **Paranymphe** : éloge.
3. **Nymphe** : déesse gracieuse des bois et des fleuves.
4. **Veuillot** : journaliste et écrivain catholique français (1813-1883).
5. **Tendron** : très jeune fille en âge d'être aimée.
6. **Caravanes** : débauches.

Je ne trouve pas monotone
La verdeur de tes quarante ans ;
Je préfère tes fruits, Automne,
Aux fleurs banales du Printemps !
Non ! tu n'es jamais monotone !

Ta carcasse a des agréments
Et des grâces particulières ;
Je trouve d'étranges piments
Dans le creux de tes deux salières ;
Ta carcasse a des agréments !

Nargue des amants ridicules
Du melon et du giraumont[1] !
Je préfère tes clavicules
À celles du roi Salomon[2]
Et je plains ces gens ridicules !

Tes cheveux, comme un casque bleu,
Ombragent ton front de guerrière,
Qui ne pense et rougit que peu,
Et puis se sauvent par derrière
Comme les crins d'un casque bleu.

Tes yeux qui semblent de la boue,
Où scintille quelque fanal[3],
Ravivés au fard de ta joue,

---

1. Giraumont : potiron.
2. Celles du roi Salomon : *Les Clavicules du roi Salomon* est un livre de magie.
3. Fanal : lanterne

Lancent un éclair infernal !
Tes yeux sont noirs comme la boue !

Par sa luxure et son dédain
Ta lèvre amère nous provoque ;
Cette lèvre, c'est un Éden[1]
Qui nous attire et qui nous choque.
Quelle luxure[2] ! et quel dédain !

Ta jambe musculeuse et sèche
Sait gravir au haut des volcans,
Et malgré la neige et la dèche[3]
Danser les plus fougueux cancans.
Ta jambe est musculeuse et sèche ;

Ta peau brûlante et sans douceur,
Comme celle des vieux gendarmes,
Ne connaît pas plus la sueur
Que ton œil ne connaît les larmes.
(Et pourtant elle a sa douceur !)

II

Sotte, tu t'en vas droit au Diable !
Volontiers j'irais avec toi,
Si cette vitesse effroyable
Ne me causait pas quelque émoi.
Va-t'en donc, toute seule, au Diable !

---

1. Éden : paradis.
2. Luxure : recherche des plaisirs sensuels.
3. Dèche : misère.

Mon rein, mon poumon, mon jarret
Ne me laissent plus rendre hommage
À ce Seigneur, comme il faudrait.
« Hélas ! c'est vraiment bien dommage ! »
Disent mon rein et mon jarret.

Oh ! très sincèrement je souffre
De ne pas aller aux sabbats[1],
Pour voir, quand il pète du soufre,
Comment tu lui baises son cas.
Oh ! très sincèrement je souffre !

Je suis diablement affligé
De ne pas être ta torchère[2],
Et de te demander congé,
Flambeau d'enfer ! Juge, ma chère,
Combien je dois être affligé,

Puisque depuis longtemps je t'aime,
Étant très logique ! En effet,
Voulant du Mal chercher la crème
Et n'aimer qu'un monstre parfait,
Vraiment oui ! vieux monstre, je t'aime !

---

1. Sabbat : assemblée nocturne et bruyante de sorciers.
2. Torchère : grand chandelier.

139 Vers pour le portrait de M. Honoré Daumier[1]

Celui dont nous t'offrons l'image,
Et dont l'art, subtil entre tous,
Nous enseigne à rire de nous,
Celui-là, lecteur, est un sage.

C'est un satirique, un moqueur ;
Mais l'énergie avec laquelle
Il peint le Mal et sa séquelle,
Prouve la beauté de son cœur.

Son rire n'est pas la grimace
De Melmoth[2] ou de Méphisto[3]
Sous la torche de l'Alecto[4]
Qui les brûle, mais qui nous glace.

Leur rire, hélas ! de la gaîté
N'est que la douloureuse charge ;
Le sien rayonne, franc et large,
Comme un signe de sa bonté !

---

1. Honoré Daumier : dessinateur et caricaturiste français (1808-1879).
2. Melmoth : personnage du roman de Charles Mathurin, *Melmoth, l'homme errant* (1820), qui échangea son âme contre l'immortalité.
3. Méphisto : personnage de légende de *Faust*, génie du mal et ange déchu.
4. Alecto : l'une des Furies, citée dans *L'Énéide*.

140 LOLA DE VALENCE[1]

Entre tant de beautés que partout on peut voir,
Je comprends bien, amis, que le désir balance ;
Mais on voit scintiller en Lola de Valence
Le charme inattendu d'un bijou rose et noir.

141 SUR *LE TASSE EN PRISON* D'EUGÈNE DELACROIX[2]

Le poète au cachot, débraillé, maladif,
Roulant un manuscrit sous son pied convulsif[3],
Mesure d'un regard que la terreur enflamme
L'escalier de vertige où s'abîme son âme.

5   Les rires enivrants dont s'emplit la prison
Vers l'étrange et l'absurde invitent sa raison :
Le Doute l'environne, et la Peur ridicule,
Hideuse et multiforme, autour de lui circule.

Ce génie enfermé dans un taudis malsain,
10   Ces grimaces, ces cris, ces spectres dont l'essaim
Tourbillonne, ameuté derrière son oreille,

Ce rêveur que l'horreur de son logis réveille,
Voilà bien ton emblème, Âme aux songes obscurs,
Que le Réel étouffe entre ses quatre murs !

---

1. Titre d'un tableau d'Édouard Manet, peintre français (1832-1883).
2. Eugène Delacroix : peintre français (1798-1863) ; **Le Tasse** : poète italien (1544-1595).
3. Convulsif : pris de contractions violentes et incontrôlées.

142 LA VOIX

Mon berceau s'adossait à la bibliothèque,
Babel[1] sombre, où roman, science, fabliau,
Tout, la cendre latine et la poussière grecque,
Se mêlaient. J'étais haut comme un in-folio[2].
Deux voix me parlaient. L'une, insidieuse et ferme,
Disait : « La Terre est un gâteau plein de douceur ;
Je puis (et ton plaisir serait alors sans terme !)
Te faire un appétit d'une égale grosseur. »
Et l'autre : « Viens ! oh ! viens voyager dans les rêves,
Au-delà du possible, au-delà du connu !
Et celle-là chantait comme le vent des grèves[3],
Fantôme vagissant[4] on ne sait d'où venu,
Qui caresse l'oreille et cependant l'effraie.
Je te répondis : « Oui ! douce voix ! » C'est d'alors
Que date ce qu'on peut, hélas ! nommer ma plaie
Et ma fatalité. Derrière les décors
De l'existence immense, au plus noir de l'abîme,
Je vois distinctement des mondes singuliers,
Et, de ma clairvoyance extatique[5] victime,
Je traîne des serpents qui mordent mes souliers
Et c'est depuis ce temps que, pareil aux prophètes,
J'aime si tendrement le désert et la mer ;

---

1. Babel : dans la Genèse, après une punition divine, la tour de Babel est le lieu où se côtoient sans se comprendre des langues différentes.
2. In-folio : format de livre.
3. Grève : terrain plat situé au bord de la mer.
4. Vagissant : poussant un faible cri, comme celui du nouveau-né.
5. Extatique : qui relève de l'extase.

Que je ris dans les deuils et pleure dans les fêtes,
Et trouve un goût suave au vin le plus amer ;
25 Que je prends très souvent les faits pour des mensonges,
Et que, les yeux au ciel, je tombe dans les trous.
Mais la Voix me console et dit : « Garde tes songes ;
Les sages n'en ont pas d'aussi beaux que les fous ! »

143 L'IMPRÉVU

Harpagon[1], qui veillait son père agonisant,
Se dit, rêveur, devant ces lèvres déjà blanches :
« Nous avons au grenier un nombre suffisant,
    Ce me semble, de vieilles planches ? »

5 Célimène[2] roucoule et dit : « Mon cœur est bon,
Et naturellement, Dieu m'a faite très belle. »
— Son cœur ! cœur racorni, fumé comme un jambon,
    Recuit à la flamme éternelle !

Un gazetier[3] fumeux, qui se croit un flambeau,
10 Dit au pauvre, qu'il a noyé dans les ténèbres :
« Où donc l'aperçois-tu, ce créateur du Beau,
    Ce redresseur que tu célèbres ? »

Mieux que tous, je connais certain voluptueux
Qui bâille nuit et jour, et se lamente et pleure,
15 Répétant, l'impuissant et le fat : « Oui, je veux
    Être vertueux, dans une heure ! »

---

1. Harpagon : nom de l'avare dans la comédie de Molière.
2. Célimène : nom de la jeune coquette dans *Le Misanthrope* de Molière.
3. Gazetier : journaliste.

L'horloge, à son tour, dit à voix basse : « Il est mûr,
Le damné[1] ! J'avertis en vain la chair infecte.
L'homme qui est aveugle, sourd, fragile, comme un mur
   Qu'habite et que ronge un insecte ! »

Et puis, Quelqu'un paraît, que tous avaient nié,
Et qui leur dit, railleur et fier : « Dans mon ciboire[2],
Vous avez, que je crois, assez communié,
   À la joyeuse Messe noire ?

« Chacun de vous m'a fait un temple dans son cœur ;
Vous avez, en secret, baisé ma fesse immonde !
Reconnaissez Satan à son rire vainqueur,
   Énorme et laid comme le monde !

« Avez-vous donc pu croire, hypocrites surpris,
Qu'on se moque du maître, et qu'avec lui l'on triche,
Et qu'il soit naturel de recevoir deux prix,
   D'aller au Ciel et d'être riche ?

« Il faut que le gibier paye le vieux chasseur
Qui se morfond longtemps à l'affût de la proie.
Je vais vous emporter à travers l'épaisseur,
   Compagnons de ma triste joie.

« À travers l'épaisseur de la terre et du roc,
À travers les amas confus de votre cendre,
Dans un palais aussi grand que moi, d'un seul bloc,
   Et qui n'est pas de pierre tendre ;

---

1. Damné : condamné aux souffrances de l'Enfer.
2. Ciboire : vase servant, dans la liturgie catholique, à conserver les hosties consacrées.

« Car il est fait avec l'universel Péché,
Et contient mon orgueil, ma douleur et ma gloire ! »
— Cependant, tout en haut de l'univers juché,
   Un Ange sonne la victoire

45 De ceux dont le cœur dit : « Que béni soit ton fouet,
Seigneur ! que la douleur, ô Père, soit bénie !
Mon âme dans tes mains n'est pas un vain jouet,
   Et ta prudence est infinie. »

Le son de la trompette est si délicieux,
50 Dans ces soirs solennels de célestes vendanges,
Qu'il s'infiltre comme une extase dans tous ceux
   Dont elle chante les louanges.

144 LA RANÇON

L'homme a, pour payer sa rançon,
Deux champs au tuf[1] profond et riche,
Qu'il faut qu'il remue et défriche
Avec le fer de la raison ;

5 Pour obtenir la moindre rose,
Pour extorquer quelques épis,
Des pleurs salés de son front gris
Sans cesse il faut qu'il les arrose.

L'un est l'Art, et l'autre l'Amour.
10 — Pour rendre le juge propice,
Lorsque de la stricte justice
Paraîtra le terrible jour,

---

1. Tuf : roche.

> Il faudra lui montrer des granges
> Pleines de moissons, et des fleurs
> Dont les formes et les couleurs
> Gagnent le suffrage des Anges.

145 À UNE MALABARAISE[1]

Tes pieds sont aussi fins que tes mains, et ta hanche
Est large à faire envie à la plus belle blanche ;
À l'artiste pensif ton corps est doux et cher ;
Tes grands yeux de velours sont plus noirs que ta chair.
Aux pays chauds et bleus où ton Dieu t'a fait naître,
Ta tâche est d'allumer la pipe de ton maître,
De pourvoir les flacons d'eaux fraîches et d'odeurs,
De chasser loin du lit les moustiques rôdeurs,
Et, dès que le matin fait chanter les platanes,
D'acheter au bazar ananas et bananes.
Tout le jour, où tu veux, tu mènes tes pieds nus,
Et fredonnes tout bas de vieux airs inconnus ;
Et quand descend le soir au manteau d'écarlate,
Tu poses doucement ton corps sur une natte,
Où tes rêves flottants sont pleins de colibris,
Et toujours, comme toi, gracieux et fleuris.
Pourquoi, l'heureuse enfant, veux-tu voir notre France,
Ce pays trop peuplé qui fauche la souffrance,
Et, confiant ta vie aux bras forts des marins,
Faire de grands adieux à tes chers tamarins[2] ?
Toi, vêtue à moitié de mousselines frêles,

---

1. **Malabaraise** : Indienne de la côte de Malabar.
2. **Tamarins** : tamariniers, grands arbres à feuilles persistantes.

Frissonnante là-bas sous la neige et les grêles,
Comme tu pleurerais tes loisirs doux et francs,
Si, le corset brutal emprisonnant tes flancs,
25 Il te fallait glaner ton souper dans nos fanges [1]
Et vendre le parfum de tes charmes étranges,
L'œil pensif, et suivant, dans nos sales brouillards,
Des cocotiers absents les fantômes épars !

146 Sur les débuts d'Amina Boschetti [2]
au théâtre de la monnaie, à bruxelles

Amina bondit, – fuit, – puis voltige et sourit ;
Le Welche [3] dit : « Tout ça, pour moi, c'est du prâcrit [4] ;
Je ne connais, en fait de nymphes [5] bocagères,
Que celles de *Montagne-aux-Herbes-Potagères* [6]. »

5 Du bout de son pied fin et de son œil qui rit,
Amina verse à flots le délire et l'esprit ;
Le Welche dit : « Fuyez, délices mensongères !
Mon épouse n'a pas ces allures légères. »

Vous ignorez, sylphide [7] au jarret triomphant,
10 Qui voulez enseigner la walse [8] à l'éléphant,
Au hibou la gaîté, le rire à la cigogne,

---

1. **Fanges** : boues.
2. **Amina Boschetti** : danseuse qui s'était produite en Belgique.
3. **Le Welche** : qui parle le dialecte welche.
4. **Prâcrit** : dialecte vulgaire du sanscrit.
5. **Nymphes** : divinités gracieuses des bois et des rivières.
6. **Montagne-aux-Herbes-Potagères** : rue célèbre de Bruxelles.
7. **Sylphide** : génie aérien plein de grâce.
8. **Walse** : graphie allemande pour « valse ».

Que sur la grâce en feu le Welche dit « haro ! »
Et que le doux Bacchus[1] lui versant du bourgogne,
Le monstre répondrait : « J'aime mieux le faro[2] ! »

147 À M. Eugène Fromentin[3]
À PROPOS D'UN IMPORTUN
QUI SE DISAIT SON AMI

Il me dit qu'il était très riche,
Mais qu'il craignait le choléra ;
– Que de son or il était chiche[4],
Mais qu'il goûtait fort l'Opéra ;

5 – Qu'il raffolait de la nature,
Ayant connu monsieur Corot[5] ;
– Qu'il n'avait pas encore voiture,
Mais que cela viendrait bientôt ;

– Qu'il aimait le marbre et la brique,
10 Les bois noirs et les bois dorés ;
– Qu'il possédait dans sa fabrique
Trois contre-maîtres décorés ;

– Qu'il avait, sans compter le reste,
Vingt mille actions sur le *Nord*[6] ;
15 – Qu'il avait trouvé, pour un zeste,
Des encadrements d'Oppenord[7] ;

---
1. Bacchus : dieu romain du vin.
2. Faro : bière belge.
3. Eugène Fromentin : peintre et écrivain français (1820-1876).
4. Chiche : avare.
5. Corot : peintre français (1796-1875).
6. Le Nord : compagnie de chemin de fer.
7. Oppenord : architecte et décorateur français (1672-1742).

— Qu'il donnerait (fût-ce à Luzarches[1] !)
Dans le bric-à-brac jusqu'au cou,
Et qu'au Marché des Patriarches[2]
Il avait fait plus d'un bon coup ;

— Qu'il n'aimait pas beaucoup sa femme,
Ni sa mère ; — mais qu'il croyait
À l'universalité de l'âme,
Et qu'il avait lu Niboyet[3] !

— Qu'il penchait pour l'amour physique,
Et qu'à Rome, séjour d'ennui,
Une femme, d'ailleurs phthisique[4],
Était morte d'amour pour lui.

Pendant trois heures et demie,
Ce bavard, venu de Tournai[5],
M'a dégoisé toute sa vie ;
J'en ai le cerveau consterné.

S'il fallait décrire ma peine,
Ce serait à n'en plus finir ;
Je me disais, domptant ma haine :
« Au moins, si je pouvais dormir ! »

---

1. Luzarches : petite ville française.
2. Marché des Patriarches : marché parisien.
3. Niboyet : auteur français de romans moralisateurs et de récits de voyage.
4. Phthisique : phtisique, atteint de tuberculose.
5. Tournai : ville belge.

Comme un qui n'est pas à son aise,
Et qui n'ose pas s'en aller,
Je frottais de mon cul ma chaise,
Rêvant de le faire empaler.

Ce monstre se nomme Bastogne ;
Il fuyait devant le fléau[1].
Moi, je fuirai jusqu'en Gascogne[2],
Ou j'irai me jeter à l'eau,

Si dans ce Paris, qu'il redoute,
Quand chacun sera retourné,
Je trouve encore sur ma route
Ce fléau, natif de Tournai.

148 UN CABARET FOLÂTRE[3]

SUR LA ROUTE DE BRUXELLES À UCCLE[4]

Vous qui raffolez des squelettes
Et des emblèmes détestés,
Pour épicer les voluptés,
(Fût-ce de simples omelettes !)

Vieux Pharaon, ô Monselet !
Devant cette enseigne imprévue,
J'ai rêvé de vous : *À la vue*
Du cimetière, Estaminet !

---

1. Le fléau : le choléra.
2. Gascogne : ancienne région du Sud-Ouest de la France.
3. Folâtre : qui aime plaisanter.
4. Bruxelles, Uccle : villes belges.

POÈMES APPORTÉS PAR L'ÉDITION DE 1868

L'édition posthume de 1868 a été réalisée par Théodore de Banville. Elle disperse assez aléatoirement vingt-cinq poèmes (onze repris des *Épaves*, treize parus dans des revues et un inédit) dans les six sections de 1861. Elle n'inclut pas les pièces condamnées en 1857, et l'ordre des poèmes ne peut être considéré comme conforme au souhait de Baudelaire.

149 LE GOUFFRE

Pascal[1] avait son gouffre, avec lui se mouvant.
– Hélas ! tout est abîme, – action, désir, rêve,
Parole ! et sur mon poil qui tout droit se relève
Mainte fois de la Peur je sens passer le vent.

5 En haut, en bas, partout, la profondeur, la grève[2],
Le silence, l'espace affreux et captivant…
Sur le fond de mes nuits Dieu de son doigt savant
Dessine un cauchemar multiforme et sans trêve.

J'ai peur du sommeil comme on a peur d'un grand trou,
10 Tout plein de vague horreur, menant on ne sait où ;
Je ne vois qu'infini par toutes les fenêtres,

Et mon esprit, toujours du vertige hanté,
Jalouse du néant l'insensibilité.
Ah ! ne jamais sortir des Nombres et des Êtres !

150 LE COUVERCLE

En quelque lieu qu'il aille, ou sur mer ou sur terre,
Sous un climat de flamme ou sous un soleil blanc,
Serviteur de Jésus, courtisan de Cythère[3],
Mendiant ténébreux ou Crésus rutilant,

5 Citadin, campagnard, vagabond, sédentaire,
Que son petit cerveau soit actif ou lent,
Partout l'homme subit la terreur du mystère,
Et ne regarde en haut qu'avec un œil tremblant.

---

1. Pascal : philosophe français (1623-1662).
2. Grève : terrain plat situé au bord de la mer.
3. Cythère : île grecque dédiée, dans la mythologie, à Aphrodite, déesse de l'amour.

En haut, le Ciel ! ce mur de caveau qui l'étouffe,
10   Plafond illuminé pour un opéra bouffe
Où chaque histrion[1] foule un sol ensanglanté ;

Terreur du libertin, espoir du fol ermite ;
Le Ciel ! couvercle noir de la grande marmite
Où bout l'imperceptible et vaste Humanité.

151 L'EXAMEN DE MINUIT

La pendule, sonnant minuit,
Ironiquement nous engage
À nous rappeler quel usage
Nous fîmes du jour qui s'enfuit :
5   — Aujourd'hui, date fatidique,
Vendredi, treize, nous avons,
Malgré tout ce que nous savons,
Mené le train d'un hérétique[2].

Nous avons blasphémé[3] Jésus,
10   Des Dieux le plus incontestable !
Comme un parasite à la table
De quelque monstrueux Crésus[4],
Nous avons, pour plaire à la brute,
Digne vassale des Démons,
15   Insulté ce que nous aimons
Et flatté ce qui nous rebute ;

---
1. Histrion : comédien.
2. Hérétique : qui soutient une opinion contraire à la doctrine de l'Église.
3. Blasphémé : insulté.
4. Crésus : roi de Lydie (561-546 av. J.-C.), immensément riche.

Contristé, servile bourreau,
Le faible qu'à tort on méprise ;
Salué l'énorme Bêtise,
La Bêtise au front de taureau [1] ;
Baisé la stupide Matière
Avec grande dévotion,
Et de la putréfaction [2]
Béni la blafarde [3] lumière.

Enfin, nous avons, pour noyer
Le vertige dans le délire,
Nous, prêtre orgueilleux de la Lyre,
Dont la gloire est de déployer
L'ivresse des choses funèbres,
Bu sans soif et mangé sans faim !...
— Vite soufflons la lampe, afin
De nous cacher dans les ténèbres !

152 L'AVERTISSEUR

Tout homme digne de ce nom
A dans le cœur un Serpent jaune,
Installé comme sur un trône,
Qui, s'il dit : « Je veux ! » répond : « Non ! »

---

1. La Bêtise au front de taureau : allusion au Minotaure, monstre au corps de bête et à la tête d'homme.
2. Putréfaction : pourriture.
3. Blafarde : blanche et pâle.

Plonge tes yeux dans les yeux fixes
Des Satyresses[1] ou des Nixes[2],
La Dent dit : « Pense à ton devoir ! »

Fais des enfants, plante des arbres,
Polis des vers, sculpte des marbres,
La Dent dit : « Vivras-tu ce soir ? »

Quoi qu'il ébauche ou qu'il espère,
L'homme ne vit pas un moment
Sans subir l'avertissement
De l'insupportable Vipère.

153 LE REBELLE

Un Ange furieux fond du ciel comme un aigle,
Du mécréant[3] saisit à plein poing les cheveux,
Et dit, le secouant : « Tu connaîtras la règle !
(Car je suis ton bon Ange, entends-tu ?) Je le veux !

« Sache qu'il faut aimer, sans faire la grimace,
Le pauvre, le méchant, le tortu[4], l'hébété,
Pour que tu puisses faire à Jésus, quand il passe,
Un tapis triomphal avec ta charité[5].

---

1. Satyresse : forme féminine rare de « satyre ».
2. Nixe : ondine de la mythologie germanique.
3. Mécréant : qui n'a pas de principes religieux.
4. Tortu : tortueux.
5. Allusion au triomphe fait à Jésus le jour des Rameaux.

« Tel est l'amour ! Avant que ton cœur ne se blase,
À la gloire de Dieu rallume ton extase ;
C'est la Volupté vraie aux durables appas[1] ! »

Et l'Ange, châtiant autant, ma foi ! qu'il aime,
De ses poings de géant torture l'anathème[2] ;
Mais le damné répond toujours : « Je ne veux pas ! »

154 LES PLAINTES D'UN ICARE[3]

Les amants des prostituées
Sont heureux, dispos et repus ;
Quant à moi, mes bras sont rompus
Pour avoir étreint des nuées.

C'est grâce aux astres nonpareils,
Qui tout au fond du ciel flamboient,
Que mes yeux consumés ne voient
Que des souvenirs de soleils.

En vain j'ai voulu de l'espace
Trouver la fin et le milieu ;
Sous je ne sais quel œil de feu
Je sens mon aile qui se casse ;

Et brûlé par l'amour du beau,
Je n'aurai pas l'honneur sublime
De donner mon nom à l'abîme
Qui me servira de tombeau.

---

1. Appas : charme.
2. Anathème : personne frappée d'excommunication pour cause d'hérésie.
3. Icare : personnage de la mythologie grecque qui se construit des ailes pour voler. Celles-ci ayant fondu quand il s'est approché du soleil, Icare fait une chute mortelle.

155 La prière d'un païen

Ah ! ne ralentis pas tes flammes ;
Réchauffe mon cœur engourdi,
Volupté, torture des âmes !
Diva ! supplicem exaudî [1] *!*

Déesse dans l'air répandue,
Flamme dans notre souterrain !
Exauce une âme morfondue,
Qui te consacre un chant d'airain [2].

Volupté, sois toujours ma reine !
Prends le masque d'une sirène
Faite de chair et de velours,

Ou verse-moi tes sommeils lourds
Dans le vin informe et mystique,
Volupté, fantôme élastique !

156 Bien loin d'ici [3]

C'est ici la case sacrée
Où cette fille très parée,
Tranquille et toujours préparée,

D'une main éventant ses seins,
Et son coude dans les coussins,
Écoute pleurer les bassins :

---

1. *Diva ! supplicem exaudî !* : Ô Déesse ! prête l'oreille au suppliant !
2. Airain : bronze.
3. Le poème est inspiré par le souvenir de l'île Bourbon (actuelle Réunion).

C'est la chambre de Dorothée[1].
— La brise et l'eau chantent au loin
Leur chanson de sanglots heurtée
Pour bercer cette enfant gâtée.

Du haut en bas, avec grand soin,
Sa peau délicate est frottée
D'huile odorante et de benjoin[2].
— Des fleurs se pâment dans un coin.

157 MADRIGAL[3] TRISTE

I

Que m'importe que tu sois sage ?
Sois belle ! et sois triste ! Les pleurs
Ajoutent un charme au visage,
Comme le fleuve au paysage ;
L'orage rajeunit les fleurs.

Je t'aime surtout quand la joie
S'enfuit de ton front terrassé ;
Quand ton cœur dans l'horreur se noie ;
Quand sur ton présent se déploie
Le nuage affreux du passé.

---

1. Dorothée : nom d'une prostituée qu'a connue Baudelaire sur l'île Bourbon.
2. Benjoin : encens.
3. Madrigal : courte pièce en vers destinée à la galanterie.

Je t'aime quand ton grand œil verse
Une eau chaude comme le sang ;
Quand, malgré ma main qui te berce,
Ton angoisse, trop lourde, perce
Comme un râle d'agonisant.

J'aspire, volupté divine !
Hymne profond, délicieux !
Tous les sanglots de ta poitrine,
Et crois que ton cœur s'illumine
Des perles que versent tes yeux !

II

Je sais que ton cœur, qui regorge
De vieux amours déracinés,
Flamboie encor[1] comme une forge,
Et que tu couves sous ta gorge
Un peu de l'orgueil des damnés[2] ;

Mais tant, ma chère, que tes rêves
N'auront pas reflété l'Enfer,
Et qu'en un cauchemar sans trêves,
Songeant de poisons et de glaives[3],
Éprise de poudre et de fer,

---

1. Encor : encore (licence poétique).

2. Damné : condamné aux souffrances de l'Enfer.

3. Glaive : épée.

N'ouvrant à chacun qu'avec crainte,
Déchiffrant le malheur partout,
Te convulsant quand l'heure tinte,
Tu n'auras pas senti l'étreinte
De l'irrésistible Dégoût,

Tu ne pourras, esclave reine
Qui ne m'aimes qu'avec effroi,
Dans l'horreur de la nuit malsaine
Me dire, l'âme de cris pleine :
« Je suis ton égale, ô mon Roi ! »

158 LA LUNE OFFENSÉE

Ô Lune qu'adoraient discrètement nos pères,
Du haut des pays bleus où, radieux sérail[1],
Les astres vont te suivre en pimpant attirail,
Ma vieille Cynthia[2], lampe de nos repaires,

Vois-tu les amoureux sur leurs grabats[3] prospères,
De leur bouche en dormant montrer le frais émail ?
Le poète buter du front sur son travail ?
Ou sous les gazons secs s'accoupler les vipères ?

Sous ton domino jaune, et d'un pied clandestin,
Vas-tu, comme jadis, du soir jusqu'au matin,

---

1. Sérail : palais d'un sultan.
2. Cynthia : prénom souvent donné à la Lune, par les romantiques anglais notamment.
3. Grabat : lit misérable.

Baiser d'Endymion[1] les grâces surannées[2] ?
« — Je vois ta mère, enfant de ce siècle appauvri,
Qui vers son miroir penche un lourd amas d'années,
Et plâtre artistement le sein qui t'a nourri ! »

159 RECUEILLEMENT

Sois sage, ô ma Douleur, et tiens-toi plus tranquille.
Tu réclamais le Soir ; il descend ; le voici :
Une atmosphère obscure enveloppe la ville,
Aux uns portant la paix, aux autres le souci.

5 Pendant que des mortels la multitude vile[3],
Sous le fouet du Plaisir, ce bourreau sans merci,
Va cueillir des remords dans la fête servile,
Ma douleur, donne-moi la main ; viens par ici,

Loin d'eux. Vois se pencher les défuntes Années,
10 Sur les balcons du ciel, en robes surannées[4] ;
Surgir du fond des eaux le Regret souriant ;

Le Soleil moribond s'endormir sous une arche,
Et comme un long linceul traînant à l'Orient,
Entends, ma chère, entends la douce Nuit qui marche.

---

1. Endymion : dans la mythologie grecque, berger aimé de la Lune, à qui il donna cinquante filles.
2. Suranné : démodé.
3. Vile : qui inspire le mépris.
4. Suranné : démodé.

160 ÉPIGRAPHE[1]
POUR UN LIVRE CONDAMNÉ

Lecteur paisible et bucolique,
Sobre et naïf homme de bien,
Jette ce livre saturnien[2],
Orgiaque et mélancolique.

Si tu n'as fait ta rhétorique
Chez Satan, le rusé doyen[3],
Jette ! tu n'y comprendrais rien,
Ou tu me croirais hystérique[4].

Mais si, sans se laisser charmer,
Ton œil sait plonger dans les gouffres,
Lis-moi, pour apprendre à m'aimer ;

Âme curieuse qui souffres
Et vas cherchant ton paradis,
Plains-moi !... Sinon, je te maudis !

---

1. Épigraphe : citation mise en tête d'un livre pour en indiquer l'esprit.
2. Saturnien : Saturne est l'emblème de la mélancolie.
3. Doyen : personne qui possède la plus grande dignité dans une université.
4. Hystérique : à l'époque, l'hystérie est le nom d'ensemble donné aux maladies nerveuses.

MON CŒUR MIS À NU
(1859-1866)

Les notes de *Mon cœur mis à nu* sont publiées à titre posthume en 1887 à l'initiative d'Eugène Crépet qui en a retranché quelques passages trop virulents.

Présentation

Profondément affecté par le procès des *Fleurs du mal* et la condamnation d'août 1857, Baudelaire se perçoit plus que jamais en rupture avec les valeurs de son époque. Meurtri par les attaques dont son recueil a fait l'objet, il se sent incompris et humilié. À partir de 1859, il décide de s'engager dans un projet autobiographique, dont *Mon cœur mis à nu* était l'un des versants.

Le titre, traduit d'une formule utilisée par Edgar Poe dans ses *Marginalia*[1], fait à l'évidence écho au projet exposé par Jean-Jacques Rousseau à l'ouverture des *Confessions* : « montrer [...] un homme dans toute la vérité de la nature ». Pourtant, les feuillets sur lesquels Baudelaire a composé ses fragments ne se caractérisent finalement pas essentiellement par leur démarche introspective.

Dans une lettre à sa mère, le 1er avril 1861, Baudelaire évoque son projet comme celui d'un livre, « où, dit-il, j'entasserai toutes mes colères ». La haine, comme réponse aux humiliations subies, développe son énergie créatrice, et le porte à la satire.

---

1. Les *Marginalia*, des notes écrites dans les marges des livres, passant de la louange à l'insulte, de la théorie littéraire au sarcasme et de l'aveu à la provocation, dévoilent la face cachée de l'œuvre de Poe. « S'il vient à quelque ambitieux la fantaisie de révolutionner d'un seul coup le monde entier [...] Il lui suffira en effet d'écrire et de publier un très petit livre. Le titre en sera simple – quelques mots bien clairs – *Mon Cœur mis à nu*. [...] Mais l'écrire – voilà la difficulté. Aucun homme ne *pourrait* l'écrire, même s'il l'osait. Le papier se recroquevillerait et se consumerait au moindre contact de sa plume enflammée. [...] ». (Traduction Jacques Crépet, 1938.)

Dans *Mon cœur mis à nu*, le poète ne se tourne pas d'abord vers lui-même, mais tente de se mettre à l'écart du monde, dont il se sépare en usant de tous les ressorts de l'ironie. Néanmoins, tenter de se mettre à l'écart du monde, c'est encore reconnaître la part qu'on y prend. La violence de la parole baudelairienne exprime à elle seule la violence de ce paradoxe.

Lire *Mon cœur mis à nu*, c'est ainsi pénétrer au plus profond du déchirement baudelairien, et relire *Les Fleurs du mal* à la lumière de l'expression la plus ironiquement désespérée de l'âme baudelairienne.

I[1]

De la vaporisation et de la centralisation du *Moi*. Tout est là. 1.
D'une certaine jouissance sensuelle dans la société des extravagants.
(Je peux commencer *Mon cœur mis à nu* n'importe où, n'importe comment, et le continuer au jour le jour, suivant l'inspiration du jour et de la circonstance, pourvu que l'inspiration soit vive).

Le premier venu, pourvu qu'il sache amuser, a le droit de parler de 2.
lui-même.

Je comprends qu'on déserte une cause pour savoir ce qu'on éprou- 3.
vera à en servir une autre.

Il serait peut-être doux d'être alternativement victime et bourreau[2].

II

Sottises de Girardin[3]

Notre habitude est de prendre le taureau *par les cornes*. Prenons donc 4.
le discours par *la fin*. (*7 nov. 1863*).

Donc, Girardin croit que les cornes des taureaux sont plantées sur leur derrière. Il confond les cornes avec la queue.

Qu'avant d'imiter les Ptolémées[4] du journalisme français, les journalistes belges se donnent la peine de réfléchir sur la question que j'étudie depuis trente ans sous toutes ses faces, ainsi que le prouvera le volume qui paraîtra prochainement, sous ce titre : *Questions de*

---

1. Les feuillets épars de Baudelaire ont été rassemblés par l'éditeur Poulet-Massis. Celui-ci a fait le choix d'une double numérotation : en chiffres arabes pour marquer le passage à chaque nouveau feuillet ; en chiffres romains pour regrouper ces feuillets selon les thèmes qui s'en dégagent. Certains feuillets sont restés non numérotés, et ont donc été ajoutés dans le groupement thématique qui paraît leur correspondre le mieux. Ils sont ici suivis de la mention « bis » ou « ter ».
2. Cette réversibilité de la souffrance est évoquée dans le poème 52 des *Fleurs du mal*, intitulé : « L'héautontimoroumenos ».
3. Émile de Girardin (1806-1881) : dirigeait *La Presse* et adhérait au progressisme que détestait Baudelaire.
4. Ptolémée (90-168) : astronome, mathématicien et géographe grec.

presse ; qu'ils ne se hâtent pas de traiter de *souverainement ridicule* une opinion qui est aussi vraie qu'il est vrai que la terre tourne et que le soleil ne tourne pas.

ÉMILE DE GIRARDIN

« *Il y a des gens qui prétendent que rien n'empêche de croire que, le ciel étant immobile, c'est la terre qui tourne autour de son axe. Mais ces gens-là ne sentent pas, à raison de ce qui se passe autour de nous, combien leur opinion est* souverainement ridicule. »

PTOLÉMÉE (L'Almageste, livre I, chap. VI).

Et habet mea mentrita [sic] *meatum.*[1]

GIRARDIN

III

La femme est le contraire du Dandy[2].

Donc elle doit faire horreur.

La femme a faim, et elle veut manger ; soif, et elle veut boire.

Elle est en rut, et elle veut être foutue[3].

Le beau mérite !

La femme est *naturelle*, c'est-à-dire abominable.

Aussi est-elle toujours vulgaire, c'est-à-dire le contraire du Dandy.

Relativement à la Légion d'Honneur.

Celui qui demande la croix a l'air de dire : si l'on ne me décore pas pour avoir fait mon devoir, je ne recommencerai plus.

---

1. La citation exacte est probablement empruntée à Jules Viard, un écrivain ami de Baudelaire, et qui signifie « Et ma mentule a de l'esprit ». Elle est calquée sur une phrase de Rabelais.

2. Dandysme : mouvement né en Angleterre au début du XIXᵉ siècle. Les dandys cultivent la différence et l'artifice.

3. En vertu des principes du dandysme, lorsque la femme est naturelle, elle inspire à Baudelaire du dégoût.

— Si un homme a du mérite, à quoi bon le décorer ? S'il n'en a pas, on peut le décorer, parce que cela lui donnera un lustre.

Consentir à être décoré, c'est reconnaître à l'État ou au prince le droit de vous juger, de vous illustrer, *et caetera*.

D'ailleurs, si ce n'est l'orgueil, l'humilité chrétienne défend la croix.

Calcul en faveur de Dieu.

Rien n'existe sans but.

Donc mon existence a un but.

Quel but ?

Je l'ignore.

Ce n'est donc pas moi qui l'ai marqué. C'est donc quelqu'un plus savant que moi.

Il faut donc prier ce quelqu'un de m'éclairer. C'est le parti le plus sage.

Le Dandy doit aspirer à être sublime, sans interruption ; il doit vivre et dormir devant un miroir.

IV

Analyse des contre-religions, exemple : la prostitution sacrée[1].   6.

Qu'est-ce que la prostitution sacrée ?

Excitation nerveuse.

Mysticité du paganisme.

Le mysticisme, trait d'union entre le paganisme et le christianisme.

Le paganisme et le christianisme se prouvent réciproquement.

La Révolution et le culte de la Raison prouvent l'idée du sacrifice.

La superstition est le réservoir de toutes les vérités.

Il y a dans tout changement quelque chose d'infâme et d'agréable à   7.
la fois, quelque chose qui tient de l'infidélité et du déménagement.
Cela suffit à expliquer la Révolution française.

---

1. Prostitution sacrée : allusion à la tradition qui consistait à offrir des jeunes filles vierges aux dieux et à les prostituer dans le cadre de rituels religieux.

V

Mon ivresse en 1848[1].

De quelle nature était cette ivresse ?

Goût de la vengeance. Plaisir *naturel* de la démolition.

Ivresse littéraire ; souvenir des lectures.

Le 15 mai[2]. – Toujours le goût de la destruction. Goût légitime si tout ce qui est naturel est légitime.

Les horreurs de Juin. Folie du peuple et folie de la bourgeoisie. Amour naturel du crime.

Ma fureur au coup d'État[3]. Combien j'ai essuyé de coups de fusil. Encore un Bonaparte ! quelle honte !

Et cependant tout s'est pacifié. Le président n'a-t-il pas un droit à invoquer ?

Ce qu'est l'empereur Napoléon III. Ce qu'il vaut. Trouver l'explication de sa nature, et sa providentialité.

VI

Être un homme utile m'a paru toujours quelque chose de bien hideux.

1848 ne fut amusant que parce que chacun y faisait des utopies comme des châteaux en Espagne.

1848 ne fut charmant que par l'excès même du ridicule.

---

1. La révolution de 1848 a mis fin à la monarchie de Juillet. Alors que le dandysme de Baudelaire aurait dû le tenir à l'écart de toute agitation politique, le poète a participé aux émeutes. Il y cherche ici une explication.
2. **Le 15 mai 1848** : les Républicains manifestent pour la Pologne, envahissent l'Assemblée et menacent le gouvernement provisoire.
3. Le 2 décembre 1851, Louis-Napoléon Bonaparte prend le pouvoir grâce à un coup d'État.

Robespierre[1] n'est estimable que parce qu'il a fait quelques belles phrases.

La Révolution, par le sacrifice, confirme la Superstition. 10.

VII

Politique.

Je n'ai pas de convictions, comme l'entendent les gens de mon 11.
siècle, parce que je n'ai pas d'ambition.
Il n'y a pas en moi de base pour une conviction.
Il y a une certaine lâcheté ou plutôt une certaine mollesse chez les honnêtes gens.
Les brigands seuls sont convaincus, – de quoi ? – qu'il leur faut réussir. Aussi, ils réussissent.
Pourquoi réussirais-je, puisque je n'ai même pas envie d'essayer ?
On peut fonder des empires glorieux sur le crime, et de nobles religions sur l'imposture.

———

Cependant, j'ai quelques convictions, dans un sens plus élevé, et qui ne peut pas être compris par les gens de mon temps.

Sentiment de *solitude*, dès mon enfance. Malgré la famille, – et au 12.
milieu des camarades, surtout, – sentiment de destinée éternellement solitaire[2].
Cependant, goût très vif de la vie et du plaisir.

VIII

Presque toute notre vie est employée à des curiosités niaises. 13.
En revanche, il y a des choses qui devraient exciter la curiosité

---

1. Robespierre : homme politique français (1758-1794), il fut notamment à l'origine de la Terreur pendant la Révolution française. Guillotiné, il incarne donc l'une des figures du renversement du bourreau en victime.

2. La solitude du poète est l'une des sources du spleen qui l'habitera toute sa vie et imprègne profondément *Les Fleurs du mal*.

des hommes au plus haut degré, et qui, à en juger par leur train de vie ordinaire, ne leur en inspirent aucune.

Où sont nos amis morts ?
Pourquoi sommes-nous ici ?
Venons-nous de quelque part ?
Qu'est-ce que la liberté ?
Peut-elle s'accorder avec la loi providentielle ?
Le nombre des âmes est-il fini ou infini ?
Et le nombre des terres habitables ?
Etc., etc.

14. Les nations n'ont de grands hommes que malgré elles. Donc, le grand homme est vainqueur de toute sa nation.

Les religions modernes ridicules.
Molière.
Béranger.
Garibaldi.[1]

IX

15. La croyance au progrès est une doctrine de paresseux, une doctrine de *Belges*. C'est l'individu qui compte sur ses voisins pour faire sa besogne[2].

Il ne peut y avoir de progrès (vrai, c'est-à-dire moral) que dans l'individu et par l'individu lui-même.

Mais le monde est fait de gens qui ne peuvent penser qu'en commun, en bandes. Ainsi les *Sociétés belges*.

---

1. **Molière** : auteur dramatique et comédien français (1622-1673) ; **Béranger** : poète et chansonnier français (1780-1857) ; **Garibaldi** : homme politique italien (1807-1882), qui prit part à la guerre de 1870 aux côtés des Français. Plus que ces trois personnalités, c'est le culte dont ils sont l'objet qui irrite Baudelaire.

2. Conformément aux principes du dandysme, Baudelaire considère que l'individu doit se différencier et ne faire partie d'aucun groupe. Il reproche donc aux Belges leur « esprit d'association » et les innombrables sociétés dont ils encouragent le développement.

Il y a aussi des gens qui ne peuvent s'amuser qu'en troupe. Le vrai héros s'amuse tout seul.

Éternelle supériorité du dandy. 16.
Qu'est-ce que le Dandy ?

X

Mes opinions sur le théâtre. Ce que j'ai toujours trouvé de plus beau 17. dans un théâtre, dans mon enfance, et encore maintenant c'est *le lustre*, – un bel objet lumineux, cristallin, compliqué, circulaire et symétrique.

Cependant, je ne nie pas absolument la valeur de la littérature dramatique. Seulement, je voudrais que les comédiens fussent montés sur des patins très hauts, portassent des masques plus expressifs que le visage humain, et parlassent à travers des porte-voix ; enfin que les rôles de femmes fussent joués par des hommes.

Après tout, le lustre m'a toujours paru l'acteur principal, vu à travers le gros bout ou le petit bout de la lorgnette.

Il faut travailler, sinon par goût, au moins par désespoir, puisque, 18. tout bien vérifié, travailler est moins ennuyeux que s'amuser.

XI

Il y a dans tout homme, à toute heure, deux postulations simultanées, 19. l'une vers Dieu, l'autre vers Satan. L'invocation à Dieu, ou spiritualité, est un désir de monter en grade ; celle de Satan, ou animalité, est une joie de descendre. C'est à cette dernière que doivent être rapportées les amours pour les femmes et les conversations intimes avec les animaux, chiens, chats, etc.[1]

---

1. Cette double postulation est au cœur de la poétique baudelairienne. On en trouve une formulation explicite dans le poème « Hymne à la beauté », où l'on peut lire, à l'ouverture du poème : « Viens-tu du ciel profond ou sors-tu de l'abîme,/ Ô Beauté. » Le « désir de monter en grade » se retrouverait aisément dans un poème comme « Élévation », la « joie de descendre » correspondrait à ce qu'évoque un poème comme « Les litanies de Satan ».

Les joies qui dérivent de ces deux amours sont adaptées à la nature de ces deux amours.

Ivresse d'humanité. 20.
Grand tableau à faire.
Dans le sens de la charité.
Dans le sens du libertinage.
Dans le sens littéraire, ou du comédien.

XII

La question (torture) est, comme art de découvrir la vérité, une 21. niaiserie barbare ; c'est l'application d'un moyen matériel à un but spirituel.

La peine de Mort est le résultat d'une idée mystique, totalement incomprise aujourd'hui. La peine de Mort n'a pas pour but de *sauver* la société, matériellement du moins. Elle a pour but de *sauver* (spirituellement) la société et le coupable. Pour que le sacrifice soit parfait, il faut qu'il y ait assentiment et joie, de la part de la victime. Donner du chloroforme à un condamné à mort serait une impiété, car ce serait lui enlever la conscience de sa grandeur comme victime et lui supprimer les chances de gagner le Paradis[1].

Quant à la torture, elle est née de la partie infâme du cœur de l'homme, assoiffé de voluptés. Cruauté et volupté, sensations identiques, comme l'extrême chaud et l'extrême froid.[2]

---

[1]. On retrouve ici encore le caractère réversible de la culpabilité : le bourreau expérimente la condition de victime et en tire donc un profit spirituel.
[2]. Cette équivalence de la cruauté et de la volupté s'incarnerait par exemple dans la figure de la femme évoquée dans le poème 23, « Tu mettrais l'univers entier dans ta ruelle ». La femme, « Machine aveugle et sourde, en cruauté féconde !/ Salutaire instrument, buveur du sang du monde » est célébrée dans le dernier vers : « Ô fangeuse grandeur ! sublime ignominie ! »

XIII

Ce que je pense du vote et du droit d'élections. Des droits de l'homme.
Ce qu'il y a de vil dans une fonction quelconque.
Un Dandy ne fait rien.
Vous figurez-vous un dandy parlant au peuple, excepté pour le bafouer ?

———

Il n'y a de gouvernement raisonnable et assuré que l'aristocratique.
Monarchie ou république basées sur la démocratie sont également absurdes et faibles.

———

Immense nausée des affiches.

———

Il n'existe que trois êtres respectables :
Le prêtre, le guerrier, le poète. Savoir, tuer et créer.
Les autres hommes sont taillables et corvéables, faits pour l'écurie, c'est-à-dire pour exercer ce qu'on appelle des *professions*.

XIV

Observons que les abolisseurs de la peine de mort doivent être plus ou moins *intéressés* à l'abolir.
Souvent, ce sont des guillotineurs. Cela peut se résumer ainsi : « Je veux pouvoir couper ta tête, mais tu ne toucheras pas à la mienne ».
Les abolisseurs d'âmes (*matérialistes*) sont nécessairement des abolisseurs d'*enfer* ; ils y sont, à coup sûr, *intéressés*.
Tout au moins, ce sont des gens qui ont *peur de revivre*, – des paresseux.

Madame de Metternich[1], quoique princesse, a oublié de me répondre à propos de ce que j'ai dit d'elle et de Wagner.
Mœurs du 19ᵉ siècle.

———

1. Nadar, un ami de Baudelaire, avait envoyé un exemplaire de l'étude du poète sur *Richard Wagner et Tannhaüser* à la princesse de Metternich. La princesse envoya ses remerciements sans même avoir lu le texte.

XV

Histoire de ma traduction d'Edgar Poe. 25.

Histoire des *Fleurs du Mal*, humiliation par le malentendu, et mon procès.

Histoire de mes rapports avec tous les hommes célèbres de ce temps.

Jolis portraits de quelques imbéciles :
> Clément de Ris.
> Castagnary[1].

Portraits de magistrats, de fonctionnaires, de directeurs de journaux, etc.

Portrait de l'artiste, en général.

Du rédacteur en chef et de la pionnerie. Immense goût de tout le peuple français pour la pionnerie et pour la dictature. C'est le *Si j'étais roi !*

Portraits et anecdotes.

François, – Buloz, – Houssaye, – le fameux Rouy, – de Calonne, – Charpentier, – qui corrige ses auteurs, en vertu de l'égalité donnée à tous les hommes par les immortels principes de 89. – Chevalier[2], véritable rédacteur en chef selon l'Empire.

XVI

Sur George Sand [3]. 26.

La femme Sand est le Prudhomme de l'immoralité.

---

1. **Clément de Ris** (1820-1882) avait accusé Baudelaire d'obscénité ; **Jules-Antoine Castagnary** (1830-1888), critique d'art et homme politique, développe des conceptions que méprise Baudelaire.
2. **Ferdinand François, François Buloz, Arsène Houssaye, Henry Rouy, Alphonse de Calonne, Gervais Charpentier** et **Auguste Chevalier** sont des directeurs de journaux et des rédacteurs en chefs de revues dans lesquels Baudelaire publia ses poèmes. Il reproche à chacun d'eux d'avoir exigé des modifications et corrections de ses poèmes.
3. **George Sand** : née Aurore Dupin (1804-1876), elle adopta, pour publier ses romans, un pseudonyme d'homme afin de contourner la misogynie qui frappait les écrits des femmes. On voit que Baudelaire ne lui épargne pourtant aucune attaque. Il lui reproche notamment son « style coulant », « un art qui s'épanche à l'abandon, presque à l'étourderie, sans méthode ».

Elle a toujours été moraliste.

Seulement elle faisait autrefois de la contre-morale. Aussi elle n'a jamais été artiste.

Elle a le fameux *style coulant*, cher aux bourgeois.

Elle est bête, elle est lourde, elle est bavarde, elle a dans les idées morales la même profondeur de jugement et la même délicatesse de sentiment que les concierges et les filles entretenues.

Ce qu'elle dit de sa mère.

Ce qu'elle dit de la poésie.

Son amour pour les ouvriers.

Que quelques hommes aient pu s'amouracher de cette latrine, c'est bien la preuve de l'abaissement des hommes de ce siècle.

Voir la préface de *Mademoiselle La Quintinie*, où elle prétend que les vrais chrétiens ne croient pas à l'Enfer. La Sand est pour le *Dieu des bonnes gens*, le dieu des concierges et des domestiques filous. Elle a de bonnes raisons pour vouloir supprimer l'Enfer.

XVII

Le Diable et George Sand. 27.

Il ne faut pas croire que le Diable ne tente que les hommes de génie. Il méprise sans doute les imbéciles, mais il ne dédaigne pas leur concours. Bien au contraire, il fonde ses grands espoirs sur ceux-là.

Voyez George Sand. Elle est surtout, et plus que toute autre chose, une *grosse bête* ; mais elle est *possédée*. C'est le Diable qui lui a persuadé de se fier à *son bon cœur* et à *son bon sens*, afin qu'elle persuadât toutes les autres grosses bêtes de se fier à leur bon cœur et à leur bon sens.

Je ne puis penser à cette stupide créature sans un certain frémissement d'horreur. Si je la rencontrais, je ne pourrais m'empêcher de lui jeter un bénitier à la tête.

George Sand est une de ces vieilles ingénues qui ne veulent jamais 28. quitter les planches.

J'ai lu dernièrement une préface (la préface de *Mademoiselle La Quintinie*) où elle prétend qu'un vrai chrétien ne peut pas croire à l'Enfer.

Elle a de bonnes raisons pour vouloir supprimer l'Enfer.

La Religion de la femme Sand. Préface de Mademoiselle La Quintinie. La femme Sand est intéressée à croire que l'Enfer n'existe pas.

28 bis

XVIII

Je m'ennuie en France, surtout parce que tout le monde y ressemble à Voltaire[1].

29.

Emerson[2] a oublié Voltaire dans ses *Représentants de l'humanité*. Il aurait pu faire un joli chapitre intitulé : *Voltaire, ou l'anti-poète*, le roi des badauds, le prince des superficiels, l'anti-artiste, le prédicateur des concierges, le père Gigogne des rédacteurs du *Siècle*.

Dans *Les Oreilles du comte de Chesterfield*[3], Voltaire plaisante sur cette âme immortelle qui a résidé pendant neuf mois entre des excréments et des urines. Voltaire, comme tous les paresseux, haïssait le mystère.

30.

Ne pouvant supprimer l'amour, l'Église a voulu au moins le désinfecter, et elle a fait le mariage.

XIX

Portrait de la Canaille littéraire.

31.

Doctor Estaminétus Crapulosus Pédantissimus. Son portrait fait à la manière de Praxitèle[4].

Sa pipe.

Ses opinions.

Son hégélianisme[5].

Sa crasse.

---

1. Voltaire : écrivain et philosophe français (1694-1778).
2. Emerson : essayiste, poète et philosophe américain (1803-1882), auteur de *Representative Men* (1849).
3. *Les Oreilles du comte de Chesterfield et le chapelain Goudman* (1775).
4. Praxitèle : sculpteur athénien (IVe siècle av. J.-C.).
5. Hegel : philosophe allemand (1770-1831).

Ses idées en art.
Son fiel.
Sa jalousie.
Un joli tableau de la jeunesse moderne.

ÉLIEN[1]

Φαρμακοτρίβης, ἀνήρ καὶ τῶν τούς ὄφείς ες τα θαυματα τρεφοντων.

XX

La Théologie.
Qu'est-ce que la chute ?
Si c'est l'unité devenue dualité, c'est Dieu qui a chuté.[2]

* Au moins aurait-il pu deviner dans cette localisation une malice ou une satire de la Providence contre l'amour, et, dans le mode de la génération, un signe du péché originel. De fait, nous ne pouvons faire l'amour qu'avec des organes excrémentiels.

En d'autres termes, la création ne serait-elle pas la chute de Dieu ?

Dandysme.
Qu'est-ce que l'homme supérieur ?
Ce n'est pas le spécialiste.
C'est l'homme de Loisir et d'Éducation générale.
Être riche et aimer le travail.

---

1. Citation extraite de *L'Histoire des animaux* d'Élien (écrivain italien de langue grecque, IIe-IIIe siècles) : « Le préparateur de médecine est parmi ceux qui nourrissent des serpents pour en obtenir des prodiges ».
2. Cherchant les sources du Mal, Baudelaire propose une interprétation toute personnelle de cette question théologique. Pour lui, si Dieu est l'Un, la création d'un monde gouverné par la dualité ne peut être qu'une déchéance. Cette théorie n'est pas directement reprise dans *Les Fleurs du mal*, mais on pourrait comprendre l'ironie de ce raisonnement en le rapprochant de ce que déclare le poète dans « Épigraphe pour un livre condamné » : « Si tu n'as pas fait ta rhétorique/ Chez Satan, le rusé doyen,/ Jette ! tu n'y comprendrais rien/ Ou tu me croirais hystérique. »

Pourquoi l'homme d'esprit aime les filles plus que les femmes du monde, malgré qu'elles soient également bêtes ? À trouver.

XXI

Il y a de certaines femmes qui ressemblent au ruban de la Légion d'honneur. On n'en veut plus parce qu'elles se sont salies à de certains hommes.
C'est par la même raison que je ne chausserais pas les culottes d'un galeux.
Ce qu'il y a d'ennuyeux dans l'amour, c'est que c'est un crime où l'on ne peut pas se passer d'un complice.

Étude de la grande Maladie de l'horreur du Domicile. Raisons de la Maladie. Accroissement progressif de la Maladie[1].

Indignation causée par la fatuité universelle de toutes les classes, de tous les êtres, dans les deux sexes, dans tous les âges.

L'homme aime tant l'homme que quand il fuit la ville c'est encore pour chercher la foule, c'est-à-dire pour refaire la ville à la campagne.

XXII

Discours de Durandeau sur les Japonais. (Moi, je suis Français avant tout). Les Japonais sont des singes, c'est Darjou[2] qui me l'a dit.

Discours du médecin, l'ami de Mathieu[3], sur l'art de ne pas faire d'enfants, sur Moïse, et sur l'immortalité de l'âme.

---

1. Baudelaire a sans cesse changé de domicile. Il évoque cette nécessité, qui n'était pas que financière, dans ses poèmes en prose, en particulier dans celui intitulé « *Anywhere out of the world* ».
2. Émile Durandeau, Alfred Darjou : deux caricaturistes.
3. Il s'agit probablement de Gustave Mathieu, directeur d'une petite revue.

L'art est un agent civilisateur (Castagnary[1]). 38.
Physionomie d'un sage et de sa famille au cinquième étage, buvant le café au lait.

———

Le sieur Nacquart père et le sieur Nacquart fils.
Comment le Nacquart[2] fils est devenu conseiller en Cour d'appel.

XXIII

De l'amour, de la prédilection des Français pour les métaphores militaires. 39.
Toute métaphore ici porte des moustaches.
Littérature militante.
Rester sur la brèche.
Porter haut le drapeau.
Tenir le drapeau haut et ferme.
Se jeter dans la mêlée.
Un des vétérans.

Toutes ces glorieuses phraséologies s'appliquent généralement à des cuistres et à des fainéants d'estaminet.

———

Métaphores françaises. 40.
Soldat de la presse judiciaire (Bertin[3]).
La presse militante.

À ajouter aux métaphores militaires ; 41.
Les poètes de combat.
Les littérateurs d'avant-garde.

———

1. Voir la note du XV-25 (p. 249).
2. Nacquart père : le médecin de Balzac, qui aurait joué un « mauvais tour » à Baudelaire. Nacquart fils était parmi les juges qui condamnèrent *Les Fleurs du mal* en 1857.
3. Henri Bertin : avocat et directeur du *Droit*.

Ces habitudes de métaphores militaires dénotent des esprits, non pas militants, mais faits pour la discipline, c'est-à-dire pour la conformité, des esprits nés domestiques, des esprits belges, qui ne peuvent penser qu'en société[1].

XXIV

Le goût du plaisir nous attache au présent. Le soin de notre salut nous suspend à l'avenir. 42.
Celui qui s'attache au plaisir, c'est-à-dire au présent, me fait l'effet d'un homme roulant sur une pente, et qui, voulant se raccrocher aux arbustes, les arracherait et les emporterait dans sa chute[2].
Avant tout, Être *un grand homme* et *un Saint* pour soi-même[3].

De la haine du peuple contre la beauté. 43.
Des exemples.
Jeanne et Madame Muller[4].

XXV

Politique.
En somme, devant l'histoire et devant le peuple français, la grande gloire de Napoléon III aura été de prouver que le premier venu peut, en s'emparant du télégraphe et de l'Imprimerie nationale, gouverner une grande nation[5]. 44.

---

1. On retrouve ici le refus dandy de Baudelaire de se préoccuper de politique. Plus particulièrement, ce refus de mettre l'art au service d'un quelconque engagement correspond au principe de « l'art pour l'art », mot d'ordre des poètes parnassiens dont Baudelaire a pu se sentir proche. Le poème « La beauté » en est l'une des plus évidentes manifestations.
2. Ce fragment reprend la double postulation formulée en XI-19. Il peut être rapproché du dernier vers du poème « Le goût du néant » : « Avalanche, veux-tu m'emporter dans ta chute ? »
3. Il s'agit là encore d'une formulation de ce que signifie, pour Baudelaire, le dandysme.
4. Madame Muller, la femme d'un journaliste, a été mentionnée par Baudelaire dans *La Belgique déshabillée*. Elle est l'exemple « de la haine ou de l'hilarité que cause la Beauté ».
5. Baudelaire évoque, comme en V-8, le dégoût que lui a inspiré le coup d'État de Louis-Napoléon Bonaparte en 1851.

Imbéciles sont ceux qui croient que de pareilles choses peuvent s'accomplir sans la permission du peuple, – et ceux qui croient que la gloire ne peut être appuyée que sur la vertu !

Les dictateurs sont les domestiques du peuple, – rien de plus, un foutu rôle d'ailleurs, et la gloire est le résultat de l'adaptation d'un esprit avec la sottise nationale.

Qu'est-ce que l'amour ?   **45.**

Le besoin de sortir de soi.

L'homme est un animal adorateur.

Adorer, c'est se sacrifier et se prostituer. Aussi tout amour est-il prostitution[1].

L'être le plus prostitué, c'est l'être par excellence, c'est Dieu, puisqu'il   **45 bis** est l'ami suprême pour chaque individu, puisqu'il est le réservoir commun, inépuisable, de l'amour.

PRIÈRE

Ne me châtiez pas dans ma mère et ne châtiez pas ma mère à cause   **45 ter** de moi. – Je vous recommande les âmes de mon père et de Mariette. – Donnez-moi la force de faire immédiatement mon devoir tous les jours et de devenir ainsi un héros et un Saint.

XXVI

Un chapitre sur l'indestructible, éternelle, universelle et ingénieuse   **46.** férocité humaine.

---

1. La prostitution est encore une forme de la dualité vers laquelle incline l'homme. Baudelaire explicite en XXXVI-64 pourquoi le goût de la prostitution est une forme d'amour : il vient de l'« horreur de la solitude ». Cette représentation de l'homme en « animal adorateur » trouve l'une de ses expressions dans le poème 22, « Je t'adore à l'égal de la voûte nocturne », où il se représente ainsi : « Je m'avance à l'attaque, et je grimpe aux assauts,/ Comme après un cadavre un chœur de vermisseaux,/ Et je chéris, ô bête implacable et cruelle !/ Jusqu'à cette froideur par où tu m'es plus belle ! »

De l'amour du sang.
De l'ivresse du sang.
De l'ivresse des foules.
De l'ivresse du supplicié (Damiens[1]).

Il n'y a de grand parmi les hommes que le poète, le prêtre et le soldat, 47. l'homme qui chante, l'homme qui bénit, l'homme qui sacrifie et se sacrifie.
Le reste est fait pour le fouet[2].

Défions-nous du peuple, du bon sens, du cœur, de l'inspiration, et de l'évidence.

XXVII

J'ai toujours été étonné qu'on laissât les femmes entrer dans 48. les églises. Quelle conversation peuvent-elles avoir avec Dieu ?

L'éternelle Vénus (caprice, hystérie, fantaisie) est une des formes séduisantes du Diable[3].

Le jour où le jeune écrivain corrige sa première épreuve, il est fier comme un écolier qui vient de gagner sa première vérole.

Ne pas oublier un grand chapitre sur l'art de la divination par l'eau, les cartes, l'inspection de la main, etc.

---

1. Robert-François Damiens (1715-1757) : il fut torturé et écartelé pour avoir tenté d'assassiner Louis XV.
2. Voir XIII-22.
3. Ce propos peut être rapproché du poème 78, « La destruction », dans lequel le Démon prend « La forme de la plus séduisante des femmes ».

La femme ne sait pas séparer l'âme du corps. Elle est simpliste, 49. comme les animaux. — Un satirique dirait que c'est parce qu'elle n'a que le corps.

Un chapitre sur
La Toilette.
Moralité de la Toilette.
Les bonheurs de la Toilette.

XXVIII

De la cuistrerie. 50.
      des professeurs
      des juges
      des prêtres,
      et des ministres.

Les jolis grands hommes du jour.
      Renan.
      Feydeau.
      Octave Feuillet.
      Scholl[1].

Les directeurs de journaux, François Buloz, Houssaye, Rouy, Girardin, Texier, de Calonne, Solar, Turgan, Dalloz
— Liste de canailles. Solar[2] en tête.

---

1. **Ernest Renan** : écrivain français (1823-1892) ; **Ernest Feydeau** : écrivain français (1821-1873), père du dramaturge Georges Feydeau ; **Octave Feuillet** : écrivain français (1821-1890), membre de l'Académie française au moment où Baudelaire y postulait ; **Aurélien Scholl** : journaliste, directeur du *Nain Jaune* (1833-1902).
2. Voir XV-25. Les autres noms mentionnés sont aussi ceux de directeurs ou collaborateurs de revues auxquels Baudelaire a eu affaire. Dans *Mon cœur mis a nu*, Baudelaire veut se venger de toutes les humiliations qu'il estime avoir subies.

Être un grand homme et un saint *pour soi-même*, voilà l'unique chose importante[1].

XXIX

Nadar[2], c'est la plus étonnante expression de vitalité. Adrien me disait que son frère Félix avait tous les viscères en double. J'ai été jaloux de lui à le voir si bien réussir dans toute ce qui n'est pas l'abstrait.

Veuillot[3] est si grossier et si ennemi des arts qu'on dirait que toute la *Démocratie* du monde s'est réfugiée dans son sein.
Développement du portrait.
Suprématie de l'idée pure chez le chrétien comme chez le communiste babouviste[4].
Fanatisme de l'humilité. Ne pas même aspirer à comprendre la religion.
Musique.
De l'esclavage.
Des femmes du monde.
Des filles.
Des magistrats.
Des sacrements.
L'homme de lettres est l'ennemi du monde.
Des bureaucrates.

---

1. Voir XXIV-42.
2. **Félix Nadar** : photographe, caricaturiste et écrivain français (1820-1910), il est l'un des amis les plus fidèles de Baudelaire, et en a notamment proposé de célèbres portraits.
3. **Louis Veuillot** : journaliste catholique français (1813-1883). Les dandys, qui cultivent « le plaisir aristocratique de déplaire » considèrent donc ce qui relève de la « démocratie » comme un nivellement par le bas du goût et des valeurs.
4. **Babouviste** : adjectif formé sur le nom du révolutionnaire français François Noël Babeuf.

XXX

Dans l'amour, comme dans presque toutes les affaires humaines, l'entente cordiale est le résultat d'un malentendu. Ce malentendu, c'est le plaisir. L'homme crie : « Oh ! mon ange ! » La femme roucoule : « maman ! maman ! » Et ces deux imbéciles sont persuadés qu'ils pensent de concert. – Le gouffre infranchissable, qui fait l'incommunicabilité, reste infranchi.

54.

Pourquoi le spectacle de la mer est-il si infiniment et si éternellement agréable[1] ?

55.

Parce que la mer offre à la fois l'idée de l'immensité et du mouvement. Six ou sept lieues représentent pour l'homme le rayon de l'infini. Voilà un infini diminutif. Qu'importe s'il suffit à suggérer l'idée de l'infini total ? Douze ou quatorze lieues de liquide en mouvement suffisent pour donner la plus haute idée de beauté qui soit offerte à l'homme sur son habitacle transitoire.

XXXI

Il n'y a rien d'intéressant sur la terre que les religions.

56.

Qu'est-ce que la Religion universelle ? (Chateaubriand, de Maistre, les Alexandrins, Capé[2]).

Il y a une Religion Universelle faite pour les Alchimistes de la Pensée, une Religion qui se dégage de l'homme, considéré comme mémento divin.

---

1. Cette fascination pour la mer se retrouve dans le poème 14, « L'homme et la mer » : « La mer est ton miroir ; tu contemples ton âme/ Dans le déroulement infini de sa lame,/ Et ton esprit n'est pas un gouffre moins amer. »

2. François-René de Chateaubriand : écrivain français (1768-1848) ; **Joseph de Maistre :** homme politique, écrivain et philosophe (1753-1821), il est un adversaire résolu de la Révolution ; **les Alexandrins :** courant philosophique formé à Alexandrie. Philon le Juif en fut le principal représentant et proposa une synthèse des religions ; **Capé :** nom d'un relieur connu avec lequel Baudelaire travailla. Sa présence dans cette liste est peut-être une erreur.

Saint-Marc Girardin[1] a dit un mot qui restera : *Soyons médiocres*. 57.
Rapprochons ce mot de celui de Robespierre : Ceux qui ne croient pas à l'immortalité de leur être se rendent justice.

Le mot de Saint-Marc G[irardin] implique une immense haine contre le sublime.

Qui a vu Saint-Marc Girardin marcher dans la rue a conçu tout de suite l'idée d'une grande oie infatuée d'elle-même, mais effarée et courant sur la grande route, devant la diligence.

XXXII

Théorie de la vraie civilisation. 58.
Elle n'est pas dans le gaz, ni dans la vapeur, ni dans les tables tournantes, elle est dans la diminution des traces du péché originel.
Peuples nomades, pasteurs, chasseurs, agricoles et même anthropophages, *tous* peuvent être supérieurs par l'énergie, par la dignité personnelle, à nos races d'Occident.
Celles-ci peut-être seront détruites.
Théocratie et communisme.

C'est par le loisir que j'ai, en partie, grandi. 59.
À mon grand détriment ; car le loisir, sans fortune, augmente les dettes, les avanies résultant des dettes.
Mais à mon grand profit, relativement à la sensibilité, à la méditation et à la faculté du dandysme et du dilettantisme.
Les autres hommes de lettres sont, pour la plupart, de vils piocheurs très ignorants.

---

[1] **Saint-Marc Girardin** : membre de l'Académie française, libéral et anti-romantique (1801-1873).

XXXIII

La jeune fille des éditeurs.

La jeune fille des rédacteurs en chef.

La jeune fille épouvantail, monstre, assassin de l'art.

La jeune fille, ce qu'elle est en réalité.

Une petite sotte et une petite salope ; la plus grande imbécillité unie à la plus grande dépravation.

Il y a dans la jeune fille toute l'abjection du voyou et du collégien[1].

Avis aux non-communistes :

Tout est commun, même Dieu.

XXXIV

Le Français est un animal de basse-cour, si bien domestiqué qu'il n'ose franchir aucune palissade. Voir ses goûts en art et en littérature.

C'est un animal de race latine ; l'ordure ne lui déplaît pas, dans son domicile, et, en littérature, il est scatophage. Il raffole des excréments. Les littérateurs d'estaminet appellent cela le *sel gaulois*.

Bel exemple de la bassesse française, de la nation qui se prétend indépendante avant toutes les autres.

« L'extrait suivant du beau livre de M. de Vaulabelle[2] suffira pour donner une idée de l'impression que fit l'évasion de Lavalette sur la portion la moins éclairée du parti royaliste :

---

1. Baudelaire s'en prend au type de la jeune ingénue, élevée dans les couvents, et animée de désirs sensuels. L'exemple en est Cécile de Volanges, l'une des héroïnes des *Liaisons dangereuses* (1782) de Choderlos de Laclos.

2. Achille de Vaulabelle : auteur de l'*Histoire des deux Restaurations jusqu'à l'avènement de Louis-Philippe (de janvier 1813 à octobre 1830)* (publié en 7 tomes de 1844 à 1854)

« L'emportement royaliste, à ce moment de la seconde Restauration, allait pour ainsi dire jusqu'à la folie. La jeune Joséphine de Lavalette faisait son éducation dans l'un des principaux couvents de Paris (l'Abbaye-aux-Bois) ; elle ne l'avait quitté que pour venir embrasser son père. Lorsqu'elle y rentra après l'évasion et que l'on connut la part bien modeste qu'elle y avait prise, une immense clameur s'éleva contre cette enfant ; les religieuses et ses compagnes la fuyaient, et bon nombre de parents déclarèrent qu'ils retireraient leurs filles si on la gardait. Ils ne voulaient pas, disaient-ils, laisser leurs enfants en contact avec une jeune personne qui avait tenu une pareille conduite et donné un pareil exemple. Quand Mme de Lavalette, six semaines après, recouvra la liberté, elle fut obligée de reprendre sa fille. »

XXXV

Princes et générations.

Il y a une égale injustice à attribuer aux princes régnants les mérites et les vices du peuple actuel qu'ils gouvernent. 63.

Ces mérites et ces vices sont presque toujours, comme la statistique et la logique le pourraient démontrer, attribuables à l'atmosphère du gouvernement précédent.

Louis XIV hérite des hommes de Louis XIII. Gloire.
Napoléon Ier hérite des hommes de la République. Gloire.
Louis-Philippe hérite des hommes de Charles X. Gloire.
Napoléon III hérite des hommes de Louis-Philippe. Déshonneur.

C'est toujours le gouvernement précédent qui est responsable des mœurs du suivant, en tant qu'un gouvernement puisse être responsable de quoi que ce soit.

Les coupures brusques que les circonstances font dans les règnes ne permettent pas que cette loi soit absolument exacte, relativement au temps. On ne peut pas marquer exactement où finit une influence, mais cette influence subsistera dans toute la génération qui l'a subie dans sa jeunesse[1].

XXXVI

De la haine de la jeunesse contre les citateurs. Le citateur est pour eux un ennemi.

Je mettrais l'orthographe même sous la main du bourreau. (Th. Gautier)

Beau tableau à faire : La Canaille Littéraire.

Ne pas oublier un portrait de Forgues[2], le Pirate, l'Écumeur de Lettres.

Goût invincible de la prostitution dans le cœur de l'homme, d'où naît son horreur de la solitude. – Il veut être *deux*. L'homme de génie veut être *un*, donc solitaire[3].

La gloire, c'est rester *un*, et se prostituer d'une manière particulière. C'est cette horreur de la solitude, le besoin d'oublier son *moi* dans la chair extérieure, que l'homme appelle noblement *besoin d'aimer*.

Deux belles religions, immortelles sur les murs, éternelles obsessions du peuple : une pine (le phallus antique) – et « Vive Barbès ! » ou « À bas Philippe ! » ou « Vive la République ! »

---

1. Cette vision de l'histoire est très inspirée des idées de Joseph de Maistre.
2. Émile Daurand Forgues (1813-1883) : journaliste, critique littéraire et écrivain.
3. Voir VII-12. Ce feuillet explique le point de vue du XXXV-45.

XXXVII

Étudier dans tous ses modes, dans les œuvres de la nature et dans les œuvres de l'homme, l'universelle et éternelle loi de la gradation, des *peu à peu*, du *petit à petit*, avec les forces progressivement croissantes, comme les intérêts composés, en matière de finances.

Il en est de même dans *l'habileté artistique et littéraire* ; il en est de même dans le trésor variable de la *volonté*.

65.

La cohue des petits littérateurs, qu'on voit aux enterrements, distribuant des poignées de mains et se recommandant à la mémoire du faiseur de courriers.

De l'enterrement des hommes célèbres.

66.

Molière. Mon opinion sur *Tartuffe* est que ce n'est pas une comédie, mais un pamphlet. Un athée, s'il est simplement un homme bien élevé, pensera, à propos de cette pièce, qu'il ne faut jamais livrer certaines questions graves à la canaille[1].

67.

XXXVIII

Glorifier le culte des images (ma grande, mon unique, ma primitive passion)[2].

68.

Glorifier le vagabondage et ce qu'on peut appeler le Bohémianisme[3], culte de la sensation multipliée et s'exprimant par la musique. En référer à Liszt[4].

---

1. Voir IX-14
2. La faculté d'imagination est particulièrement valorisée par Baudelaire. C'est elle qui est la source, dans la poétique baudelairienne, de toutes les images par lesquelles le poète accède à une réalité nouvelle. Le goût de Baudelaire pour la peinture tient lui aussi à ce goût pour les images : outre les nombreuses critiques d'art qu'il a pu écrire, plusieurs des poèmes des *Fleurs du mal* sont consacrés à des tableaux (« Sur *Le Tasse en prison* d'Eugène Delacroix »).
3. Ce goût du vagabondage se retrouve dans le poème 13, « Bohémiens en voyage ».
4. Liszt : compositeur et pianiste hongrois (1811-1886).

De la nécessité de battre les femmes.
On peut châtier ce que l'on aime. Ainsi les enfants. Mais cela implique la douleur de mépriser ce que l'on aime[1].

Du cocuage et des cocus.
La douleur du cocu.
Elle naît de son orgueil, d'un raisonnement faux sur l'honneur et sur le bonheur, et d'un amour niaisement détourné de Dieu pour être attribué aux créatures.
C'est toujours l'animal adorateur[2] se trompant d'idole.

Analyse de l'imbécillité insolente. Clément de Ris et Paul Pérignon[3].

XXXIX

Plus l'homme cultive les arts, moins il bande.
Il se fait un divorce de plus en plus sensible entre l'esprit et la brute.
La brute seule bande bien, et la fouterie est le lyrisme du peuple.

Foutre, c'est aspirer à entrer dans un autre, et l'artiste ne sort jamais de lui-même.

J'ai oublié le nom de cette salope... ah ! bah ! je le retrouverai au jugement dernier.

---

1. Baudelaire illustre ici l'une des impasses de la dualité et de la réversibilité.
2. Voir XXV-45.
3. **Clément de Ris** : voir XV-25 ; **Paul Pérignon** : magistrat (1800-1855), ami du général Aupick et membre du conseil de famille qui réduisit l'accès de Baudelaire à l'héritage paternel.

La musique donne l'idée de l'espace.

Tous les arts, plus ou moins ; puisqu'ils sont *nombre* et que le nombre est une traduction de l'espace.

———

Vouloir tous les jours être le plus grand des hommes !!!

Étant enfant, je voulais être tantôt pape, mais pape militaire, tantôt comédien.

Jouissances que je tirais de ces deux hallucinations.

XL

Tout enfant, j'ai senti dans mon cœur deux sentiments contradictoires, l'horreur de la vie et l'extase de la vie. C'est bien le fait d'un paresseux nerveux.

Les nations n'ont de grands hommes que malgré elles.

———

À propos du comédien et de mes rêves d'enfance, un chapitre sur ce qui constitue, dans l'âme humaine, la vocation du comédien, la gloire du comédien, l'art du comédien et sa situation dans le monde. La théorie de Legouvé[1]. Legouvé est-il un farceur froid, un Swift[2], qui a essayé si la France pouvait avaler une nouvelle absurdité ? Son choix. Bon en ce sens que Samson n'est pas un comédien. De la vraie grandeur des parias.

———

Peut-être même, la vertu nuit-elle aux talents des parias.

---

1. Ernest Legouvé : auteur d'une plaquette, publiée en 1863, intitulée *La Croix d'honneur et les comédiens*. Il regrettait que les comédiens ne soient pas décorés, alors que Baudelaire pensait qu'ils devaient « rester déclassés… ».

2. Jonathan Swift : romancier irlandais (1667-1745), auteur des *Voyages de Lemuel Gulliver* (1726).

XLI

Le commerce est, par son essence, *satanique*. 74.

— Le commerce, c'est le prêté-rendu, c'est le prêt avec le sous-entendu : *Rends-moi plus que je ne te donne*.

— L'esprit de tout commerçant est complètement vicié.

— Le commerce est *naturel*, *donc* il est *infâme*.

— Le moins infâme de tous les commerçants, c'est celui qui dit : Soyons vertueux pour gagner beaucoup plus d'argent que les sots qui sont vicieux.

— Pour le commerçant, l'honnêteté elle-même est une spéculation de lucre.

— Le commerce est satanique, parce qu'il est une des formes de l'égoïsme, et la plus basse et la plus vile.

Quand Jésus-Christ dit : 75.

« Heureux ceux qui sont affamés, car ils seront rassasiés ! » Jésus-Christ fait un calcul de probabilités.

XLII

Le monde ne marche que par le Malentendu. 76.

— C'est par le Malentendu universel que tout le monde s'accorde. Car si, par malheur, on se comprenait, on ne pourrait jamais s'accorder.

L'homme d'esprit, celui qui ne s'accordera jamais avec personne, doit s'appliquer à aimer la conversation des imbéciles et la lecture des mauvais livres. Il en tirera des jouissances amères qui compenseront largement sa fatigue.

77. Un fonctionnaire quelconque, un ministre, un directeur de théâtre ou de journal, peuvent être quelquefois des êtres estimables, mais ils ne sont jamais divins. Ce sont des personnes sans personnalité, des êtres sans originalité, nés pour la fonction, c'est-à-dire pour la domesticité publique.

XLIII

78. Dieu et sa profondeur.
On peut ne pas manquer d'esprit et chercher dans Dieu le complice et l'ami qui manquent toujours. Dieu est l'éternel confident dans cette tragédie dont chacun est le héros. Il y a peut-être des usuriers et des assassins qui disent à Dieu : « Seigneur, faites que ma prochaine opération réussisse ! » Mais la prière de ces vilaines gens ne gâte pas l'honneur et le plaisir de la mienne.

---

79. Toute idée est, par elle-même, douée d'une vie immortelle, comme une personne.
Toute forme créée, même par l'homme, est immortelle. Car la forme est indépendante de la matière, et ce ne sont pas les molécules qui constituent la forme[1].

Anecdotes relatives à Émile Douay et à Constantin Guys[2] détruisant ou plutôt croyant détruire leurs œuvres.

XLIV

80. Il est impossible de parcourir une gazette quelconque, de n'importe quel jour ou quel mois ou quelle année, sans y trouver à chaque

---

1. Cet idéalisme est exprimé dans le poème 27, « Une charogne » : « Alors, ô ma beauté ! dites à la vermine/ Qui vous mangera de baisers,/ Que j'ai gardé la forme et l'essence divine/ De mes amours décomposés ! »
2. Émile Douay : musicien né en 1802 ; **Constantin Guys** : dessinateur et graveur français (1802-1892) auquel Baudelaire consacre *Le Peintre de la vie moderne*.

ligne les signes de la perversité humaine la plus épouvantable, en même temps que *les vanteries* les plus surprenantes de probité, de bonté, de charité, et les affirmations les plus effrontées relatives au progrès et à la civilisation.

Tout journal, de la première ligne à la dernière, n'est qu'un tissu d'horreurs. Guerres, crimes, vols, impudicités, tortures, crimes des princes, crimes des nations, crimes des particuliers, une ivresse d'atrocité universelle.

Et c'est de ce dégoûtant apéritif que l'homme civilisé accompagne son repas de chaque matin. Tout, en ce monde, sue le crime : le journal, la muraille et le visage de l'homme.

Je ne comprends pas qu'une main pure puisse toucher un journal sans une convulsion de dégoût.

XLV

La force de l'amulette démontrée par la philosophie. Les sols percés, les talismans, les souvenirs de chacun.
Traité de Dynamique morale.
De la vertu des Sacrements.

81.

Dès mon enfance, tendance à la mysticité. Mes conversations avec Dieu.

De l'Obsession, de la Possession, de la Prière et de la Foi.
Dynamique morale de Jésus.
(Renan[1] trouve ridicule que Jésus croie à la toute-puissance, même matérielle, de la Prière et de la Foi.)
Les sacrements sont des moyens de cette Dynamique.

82.

De l'infamie de l'imprimerie, grand obstacle au développement du Beau.

---

1. Ernest Renan : écrivain français (1823-1892), auteur d'une *Vie de Jésus*.

Belle conspiration à organiser pour l'extermination de la Race Juive[1].
Les Juifs, *Bibliothécaires* et témoins de la *Rédemption*.

XLVI

Tous les imbéciles de la Bourgeoisie qui prononcent sans cesse les mots : « immoral, immoralité, moralité dans l'art » et autres bêtises, me font penser à Louise Villedieu, putain à cinq francs, qui m'accompagnant une fois au Louvre, où elle n'était jamais allée, se mit à rougir, à se couvrir le visage, et me tirant à chaque instant par la manche, me demandait devant les statues et les tableaux immortels, comment on pouvait étaler publiquement de pareilles indécences.

83.

Les feuilles de vigne du sieur Nieuwerkerke[2].

XLVII

Pour que la loi du progrès existât, il faudrait que chacun voulût la créer ; c'est-à-dire que, quand tous les individus s'appliqueront à progresser, alors, et seulement alors, l'humanité sera en progrès.
Cette hypothèse peut servir à expliquer l'identité des deux idées contradictoires, liberté et fatalité. – Non seulement il y aura, dans le cas de progrès, identité entre la liberté et la fatalité, mais cette identité a toujours existé. Cette identité c'est *l'histoire*, histoire des nations et des individus.

84.

---

1. Ce feuillet est la seule trace, dans l'ensemble de l'œuvre de Baudelaire, de propos antisémite. Le statut en est donc extrêmement difficile à déterminer. L'essentiel de ce fragment réside en fait dans le terme « *Rédemption* » : il n'y a, précisément, chez Baudelaire et dans l'ensemble des *Fleurs du mal*, aucune possibilité de rédemption pour l'homme. Ce tragique de la condition humaine est au cœur de la poétique baudelairienne.
2. **Nieuwerke** : directeur général des musées, puis surintendant des Beaux-Arts de 1849 à 1870.

XLVIII

Sonnet à citer dans *Mon cœur mis à nu*.   85.
Citer également la pièce sur *Roland*[1].

Je songeais cette nuit que Philis revenue,
Belle comme elle était à la clarté du jour,
Voulait que son fantôme encore fît l'amour,
Et que, comme Ixion, j'embrassasse une nue.

Son ombre dans mon lit se glisse toute nue,
Et me dit : « Cher Damon, me voici de retour ;
Je n'ai fait qu'embellir en ce triste séjour
Où depuis mon départ le sort m'a retenue.

« Je viens pour rebaiser le plus beau des amants ;
Je viens pour remourir dans tes embrassements ! »
Alors, quand cette idole eut abusé ma flamme,

Elle me dit : « Adieu ! Je m'en vais chez les morts.
Comme tu t'es vanté d'avoir foutu mon corps,
Tu pourras te vanter d'avoir foutu mon âme. »
                    Parnasse satyrique.

Je crois que ce sonnet est de Maynard.
Malassis prétend qu'il est de Racan[2].

---

1. *Roland* : poème de Napoléon Peyrat, pasteur des Églises réformées, historien de la Réforme et poète.
2. L'auteur du sonnet est en fait Théophile de Viau (1590-1626). Il est extrait du *Second Livre des Délices satyriques* (1620).

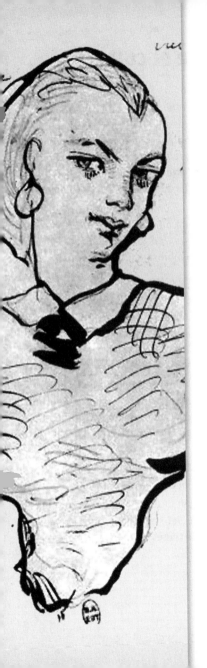

274 **REPÈRES CLÉS**

283 **FICHES DE LECTURE**

291 **THÈMES ET DOCUMENTS**

296 **OBJECTIF BAC**

309 **ENTRETIEN**

313 **INDEX DES POÈMES**

REPÈRE 1

Le contexte historique et culturel

LA FRANCE AU XIXᵉ SIÈCLE

1 • Coups d'État et révolutions

• La France du XIXᵉ siècle se caractérise par **l'originalité de sa vie politique**. Après le départ définitif de Napoléon, en 1815, le pays connaît successivement la Restauration (1815-1830), la monarchie de Juillet (1830-1848), la Seconde République (1848-1851), le Second Empire (1852-1870). La fin du siècle voit l'enracinement progressif de la République.

• Ces changements de régimes interviennent à l'occasion d'**épisodes révolutionnaires et de coups d'État** : Trois Glorieuses en 1830, révolution de Février en 1848, coup d'État de Louis-Napoléon le 2 décembre 1851, Commune en 1871.

2 • La « France des notables » et le développement des villes

• Au début du siècle, la France est encore majoritairement rurale, catholique et centralisée. Elle s'industrialise et s'urbanise néanmoins progressivement, permettant ainsi l'apparition d'une classe moyenne et d'une classe ouvrière. Les pouvoirs politique, administratif, économique et culturel se concentrent dans les mains des notables, au point qu'on nomme la période de 1815 à 1848, la « **France des notables** ».

• Baudelaire évolue dans une époque où le **conformisme** et les principes de la **bourgeoisie** sont dominants. Il adopte en contrepoint un mode de vie dandy, cultivant le goût de la marginalité et de la provocation, indifférent aux questions politiques, quoiqu'il ait pris part aux journées révolutionnaires de juin 1848.

• Si l'anticléricalisme se développe dans la seconde partie du siècle, la politique de Napoléon III au début du second Empire est très favorable au clergé et à ses valeurs. L'atmosphère est celle du moralisme et de la censure.

• La grande ville, et en premier lieu Paris, subit de profondes mutations notamment à partir de 1852 sous l'impulsion du préfet Haussmann. Sous les yeux de Baudelaire, la **ville** apparaît comme le **lieu de toutes les métamorphoses**, voire **du dépaysement**.

ROMANTISME ET PARNASSE

1 • Le règne du romantisme

• Le premier XIXe siècle est dominé par le romantisme, qui s'impose en 1820 avec les *Méditations* de Lamartine. Il donne lieu, au théâtre, à la bataille d'Hernani en 1830, et trouve dans la figure de Victor Hugo son représentant le plus fameux.

• Poésie, théâtre et romans personnels expriment ainsi les **passions** et les **convictions** parfois **contradictoires du Moi**. L'histoire et la politique sont perçues comme le lieu d'exaltation des énergies collectives ou de la grandeur du héros solitaire. La nature est perçue comme le décor complice de la complexité de l'âme humaine.

2 • Le culte de « l'art pour l'art »

• L'échec de la révolution de 1848 met fin aux exaltations romantiques – et ouvre la voie, pour le roman, au réalisme. Quant à la poésie, elle s'engage avec **Théophile Gautier dans une veine formaliste**, et développe une mystique de la beauté.

• Contre les facilités du romantisme, « l'école de l'Art », regroupée plus tard autour de la revue *Le Parnasse contemporain*, prône le **travail sur la forme**, et privilégie la **technique à l'inspiration**. Contre les excès du Moi romantique, elle recourt à l'impersonnalité. Contre l'engagement, elle appelle à la distance et à la réserve.

REPÈRE 2

La vie de Baudelaire

L'ORPHELIN

- Né le 9 avril 1821 à Paris, Charles Baudelaire est **orphelin de père** à six ans. Sa mère se remarie rapidement avec un militaire de carrière, futur général, dénommé Aupick. Baudelaire entretient avec celui-ci des **relations très conflictuelles**.

LA VIE DE BOHÈME

- Après son baccalauréat au lycée Louis-le-Grand à Paris, Baudelaire s'inscrit en droit mais il fréquente peu les bancs de l'université, auxquels il préfère la **vie de bohème**. Collaborant à plusieurs revues, il est introduit dans les cercles littéraires. Il mène une **vie dissolue**, cède aux tentations de l'**alcool** et des **paradis artificiels**. C'est à cette époque qu'il contracte la syphilis.

LE VOYAGE

- Pour mettre fin à cette vie de débauche, **sa famille convainc Baudelaire de partir en voyage**. Il embarque en 1841 sur un paquebot vers les côtes d'Afrique et de l'Orient. Mais il interrompt son périple, après des escales importantes à **l'île Maurice** et à **l'île Bourbon** (actuelle île de la Réunion), dont nombre de ses poèmes conserveront l'empreinte (« Parfum exotique », 21 ; « À une dame créole », 54).

LE CRITIQUE

- De retour à Paris en 1842, il reprend sa vie de bohème et rencontre **Jeanne Duval**, une actrice mulâtresse avec qui il entretient une liaison sensuelle et tapageuse.

- Effrayée par la façon dont il dilapide son héritage, sa famille réunit un conseil de tutelle qui le prive de ses revenus. Devant travailler pour gagner sa vie, il se fait **journaliste, critique d'art et critique littéraire**. Il publie ainsi deux « Salons », ceux de 1845 et de 1846, où il exprime son admiration pour des peintres et des sculpteurs comme Delacroix, Daumier et Pradier. Il publie ses premiers poèmes dans des revues. En 1847, il rencontre **Marie Daubrun**, l'actrice aux yeux verts.

- En février 1848, il prend part aux émeutes révolutionnaires, mais son engagement politique est faible, et disparaît totalement après le coup d'État du

2 décembre 1851. En 1852, il s'éprend d'**Apollinie Sabatier**, une femme du monde cultivée, à qui il adresse de nombreux poèmes.

LE « POÈTE MAUDIT »

- *Les Fleurs du mal* paraissent en juin 1857 chez l'éditeur Poulet-Malassis, peu après la mort du général Aupick. Des articles extrêmement violents à l'encontre du recueil paraissent dans *Le Figaro*, si bien que Baudelaire est assigné en correctionnelle le 20 août. Soutenu par Victor Hugo, Gustave Flaubert (lui-même attaqué au même moment pour *Madame Bovary*) ou encore Sainte-Beuve, Baudelaire est néanmoins condamné à une amende, et **six pièces du recueil sont interdites** pour « **immoralité** ».

- Profondément affecté par ce procès, Baudelaire entre pourtant dans une période d'intense activité créatrice. Il entreprend la rédaction de petits poèmes en prose, publie le *Salon de 1859*, commence la rédaction de *Mon cœur mis à nu*, fait paraître en 1860 *Les Paradis artificiels*, et donne une nouvelle édition enrichie des *Fleurs du mal* en 1861.

- Mais il s'enfonce progressivement dans **la maladie et la misère**. Candidat malheureux à l'Académie française, il cultive son ressentiment et subit peu après une attaque cérébrale. Il entreprend pourtant une tournée en Belgique où il place de nouveaux espoirs de publication et de revenus, mais est très déçu par l'accueil qui lui est fait et, frappé d'aphasie, il meurt le 31 août 1867.

REPÈRE 3

Le recueil dans l'œuvre de Baudelaire

UNE LONGUE ET CHAOTIQUE GENÈSE

1 • Une publication tardive

• Baudelaire a 36 ans lorsque paraît le recueil des *Fleurs du mal*, sa première œuvre de poète. La plupart des poèmes de 1857 sont pourtant écrits dès 1847, quelques-uns publiés dans des revues, nombre d'entre eux adressés à des amis. Son projet de publication est annoncé à plusieurs reprises, d'abord sous le titre *Les Lesbiennes*, puis sous le titre *Les Limbes*.

• Quoique très intégré aux cercles de la bohème littéraire, Baudelaire ressent la **difficulté de créer**. Connaissant la tradition littéraire et nourri de l'œuvre des romantiques, il s'impose de **trouver du nouveau**, et se fixe un idéal poétique exigent. Mais surtout, en rébellion contre les valeurs dominantes de sa famille comme de son époque bourgeoise, de constitution physique fragile et d'une sensibilité exacerbée par l'alcool et les stupéfiants, il est **envahi** par ce qu'il nomme **le spleen** : l'ennui, le découragement et l'angoisse du temps qui passe entravent ses capacités créatrices jusqu'à ce qu'il parvienne à en faire l'un des ressorts majeurs de sa puissance poétique.

2 • Le procès et les nouvelles éditions

• En 1857, le recueil comporte **cent poèmes**, organisés **en cinq sections**. L'écrivain Barbey d'Aurevilly loue l'« architecture secrète » des *Fleurs*, où le poète a rangé ses poèmes. Mais le procès intenté à Baudelaire en août 1857 le condamne à **exclure six pièces** du recueil, jugées **contraires à la moralité**. Pour rééditer le recueil amputé de ses six pièces, Baudelaire écrit de nouveaux poèmes. Il les ajoute aux précédents et modifie ainsi l'organisation initiale des *Fleurs*, pour proposer **un nouveau recueil de cent vingt-six poèmes** en 1861. En 1866, paraissent, sous le titre *Les Épaves*, les six pièces condamnées auxquelles s'ajoutent de nouveaux poèmes.

• En 1868, une édition posthume des *Fleurs du mal*, intégrant *Les Épaves* et d'autres poèmes, est réalisée sous la responsabilité des amis de Baudelaire.

UNE ESTHÉTIQUE FORGÉE ET PROLONGÉE PAR SES AUTRES ÉCRITS

1 • Les écrits sur l'art

• Pour gagner sa vie, Baudelaire devient critique d'art. Les études regroupées dans le *Salon de 1845* et le *Salon de 1846* lui permettent de théoriser, notamment grâce à l'attention portée aux peintures d'Eugène Delacroix (*La Mort de Sardanapale*, *Femmes d'Alger dans leur appartement*), **sa conception d'un romantisme que *Les Fleurs* prolongeront et dépasseront.**

• Baudelaire considère ainsi le romantisme comme « l'expression la plus récente, la plus actuelle du beau ». Pour lui, **romantisme et modernité** désignent les mêmes qualités, « intimité, spiritualité, couleur, aspiration vers l'infini, exprimées par tous les moyens que contiennent les arts » (*Salon de 1846*). Le romantisme n'est pas lié à un contenu, mais à une « **manière de sentir** ».

• Dans le *Salon de 1859*, Baudelaire affirme le primat de **l'imagination** comme faculté essentielle de la création poétique. Elle a en effet « créé, au commencement du monde, l'analogie et la métaphore », et « crée un **monde nouveau**, [...] produit la **sensation du neuf** ».

2 • Les autres œuvres

• Baudelaire prolonge son analyse de la modernité dans un essai consacré au peintre Constantin Guys, *Le Peintre de la vie moderne* (1863). L'artiste moderne doit, selon Baudelaire, « tirer **l'éternel du transitoire** ».

• À partir de 1857, Baudelaire écrit des poèmes en prose pour capter **l'étrange et fugitive poésie de la réalité parisienne**. *Les Petits Poèmes en prose – Le Spleen de Paris* seront publiés de manière posthume, en 1869.

• À partir de 1859, Baudelaire commence à rédiger les notes de *Mon cœur mis à nu*, le journal intime dans lequel **il exprime ses déceptions** et reformule certaines de ses conceptions esthétiques.

REPÈRE 4

Baudelaire et les arts

BAUDELAIRE CRITIQUE D'ART

1 • Une intense activité critique

• Obligé de travailler pour vivre, Baudelaire se fait journaliste, critique littéraire et critique d'art. En se confrontant aux génies du siècle, il se forge **une conscience esthétique** qui alimentera en retour sa création poétique.

• Son approche tour à tour évocatrice et théorique fait de lui le **fondateur de la critique moderne**. Il confronte les œuvres au but et au sens qu'il accorde au geste artistique et met ainsi en lumière ce que des peintres comme David, Delacroix ou Courbet apportent à l'histoire de l'art.

• Outre le *Salon de 1845* et celui de *1846*, dans lesquels il étudie notamment les tableaux de **Delacroix**[1] (1798-1863), Baudelaire publie un commentaire de l'*Exposition universelle* en 1855 où il s'attache encore aux œuvres de Delacroix mais aussi à celles d'**Ingres**[2] (1780-1867). Baudelaire publie également un *Salon de 1859* dans lequel il consacre des analyses aux œuvres de **Boudin** (1824-1898), **Millet** (1814-1875), **Corot** (1796-1875) et **Manet** (1832-1883).

• Il fait aussi paraître dans la presse des articles sur les caricaturistes de son temps, comme **Daumier**[3] (« De l'essence du rire », 1855 ; « Quelques caricaturistes français », 1857).

• Baudelaire est aussi l'auteur d'un essai sur le peintre et graveur **Constantin Guys** (1802-1892), *Le Peintre de la vie moderne* (1863).

2 • Éloge de la couleur

• De la **sensibilité romantique**, Baudelaire conserve la valorisation de **l'imagination**, seule manière de sentir, selon lui, donnant accès à la profondeur des choses et au sens des « confuses paroles » que son poème « Correspondances » (4) fixe comme horizon à la création artistique et poétique.

---

1. Sur Delacroix → CAHIER COULEURS **p. III** et plus bas p. 302.

2. Sur Ingres → CAHIER COULEURS **p. V** et plus bas p. 304.

3. Sur Daumier → CAHIER COULEURS **p. VII** et plus bas p. 306.

- En peinture, l'imagination se manifeste, selon Baudelaire, à travers l'usage de la couleur. Le poète privilégie toujours, dans ses critiques, les **peintres coloristes**, comme Delacroix, à ceux comme Raphaël dont le talent s'exprime par la précision du trait ou le fini du dessin. Il reproche ainsi à Ingres une forme de perfection qui ne laisse aucune place à la fluidité et à la force dans laquelle peut puiser l'imagination.

3 • Éloge de la modernité

- Baudelaire élabore également, dans ses critiques, une **définition de la modernité**, grâce à laquelle il évalue la portée des œuvres de son temps.

- Pour lui, le « beau est fait **d'un élément éternel, invariable**, dont la qualité est excessivement difficile à déterminer, et **d'un élément relatif, circonstanciel**, qui sera, si l'on veut, tour à tour ou tout ensemble l'époque, la mode, la morale, la passion ». La modernité d'une œuvre est alors liée à sa capacité à saisir l'esprit du temps. « La modernité, écrit-il, c'est **le transitoire, le fugitif**, le contingent » (*Le Peintre de la vie moderne*).

LES FLEURS DU MAL ET LES ARTS PLASTIQUES

1 • L'influence de la peinture dans *Les Fleurs du mal*

- Comme la peinture qu'aime Baudelaire, les poèmes des *Fleurs du mal* font appel à **l'imagination** et à **la sensation**. « Correspondances » (4) définit ainsi le monde comme « une forêt de symboles », régi par le principe de la synesthésie, en vertu duquel « [l]es parfums, les couleurs et les sons se répondent ».

- C'est souvent par **le jeu des couleurs** que le poète exprime le caractère singulier de ses perceptions. Le rouge et le vert forment à cet égard un couple de couleurs complémentaires, qu'on retrouve notamment dans la strophe des « Phares » (6) consacrée à Delacroix, avec l'évocation du « lac de sang » et des « sapins toujours verts ».

- Le poète cherche lui aussi à saisir, grâce à l'art, le fugitif et le transitoire à travers lesquels s'aperçoit **la modernité de son époque**. L'ensemble des poèmes que constitue la section « Tableaux parisiens » en est particulièrement représentatif.

2 • Les peintres des *Fleurs du mal*

• Baudelaire cite de nombreux peintres et se réfère, parfois implicitement, à bien des tableaux. « Les phares » (6) énumère les génies – tous des peintres coloristes – dans la filiation desquels le poète s'inscrit : Rubens, Léonard de Vinci, Rembrandt, Michel-Ange, Watteau[1], Goya, Delacroix.

• Les poèmes des *Fleurs du mal* trouvent souvent leur inspiration dans des **épisodes mythologiques** (Jupiter et Antiope dans « Les bijoux », 20 ; les trois Parques[2] dans « De profundis clamavi », 28) ou dans des **épisodes bibliques** (la résurrection de Lazare[3] dans « Le flacon », 44) fréquemment représentés par les peintres, que le poète, ainsi, concurrence.

---

1. Sur Watteau → CAHIER COULEURS **p. II et plus bas p. 301.**

2. Sur les trois Parques → CAHIER COULEURS **p. I et plus bas p. 300.**

3. Sur la résurrection de Lazare → CAHIER COULEURS **p. VI et plus bas p. 305.**

FICHE **1**

Exigence de composition et liberté poétique

Cherchant constamment la nouveauté, Baudelaire conserve de la tradition littéraire l'exigence de composition. Il constitue ainsi Les Fleurs du mal *en un recueil devant « être jugé dans son ensemble », dont l'écrivain Barbey d'Aurevilly admire le « plan calculé par le poète, méditatif et volontaire ».*

UNE EXIGENCE DE COMPOSITION

- L'exigence de composition se manifeste aussi bien dans l'organisation du recueil, que dans l'ordre précis dans lequel sont disposés les poèmes. Le déséquilibre, introduit dans cette architecture par la condamnation de six pièces en 1857, contraint Baudelaire à repenser, pour l'édition de 1861, l'ensemble de l'organisation en sections du recueil.

Édition de 1857 100 poèmes	« Spleen et Idéal » 77 poèmes	« Fleurs du mal » 12 poèmes	« Révolte » 3 poèmes	« Le Vin » 5 poèmes	« La Mort » 5 poèmes	
Procès de 1857 6 pièces condamnées	« Les bijoux » (20) « Le Léthé » (30) « À celle qui est trop gaie » (39)	« Lesbos » (80) « Femmes damnées » (81) « Les métamorphoses du vampire » (87)				
Édition de 1861 126 poèmes	« Spleen et Idéal » 85 poèmes	« Tableaux parisiens » 18 poèmes	« Le Vin » 5 poèmes	« Fleurs du mal » 9 poèmes	« Révolte » 3 poèmes	« La Mort » 3 poèmes

1 • Une section commune aux éditions de 1857 et de 1861 : « Spleen et Idéal »

- La section « Spleen et Idéal » est la plus importante du recueil et a peu varié d'une édition à l'autre. Comme l'indique son titre, cette section explore les formes que prend le **déchirement du poète**, animé par son aspiration à l'Idéal et entravé dans ses capacités créatrices par la puissance du spleen.

- Cette section est tout entière sous le signe de la **dualité** : l'homme moderne aspire tout à la fois à l'élévation spirituelle et à la compromission dans le vice. Pour échapper à cette contradiction existentielle, le poète tente d'**extraire du mal la beauté**. C'est le sens de l'oxymore que constitue le titre du recueil, *Les Fleurs du mal*.

- Cette section comprend des **cycles féminins**. Elle consacre en effet à Jeanne Duval, Apollonie Sabatier, puis Marie Daubrun des poèmes qu'on peut regrouper en trois cycles. Ces femmes constituent à la fois un antidote au spleen et les figures de la dualité du poète, à l'égard desquelles il éprouve autant d'attirance que de réticence.

- Dans l'édition de 1857, la section s'achève sur le poème « La pipe » (77), lequel semble voir une solution possible au spleen dans le plaisir méditatif du tabac. L'édition de 1861 clôt « Spleen et Idéal » de manière plus pessimiste avec « L'horloge » (122). Le poème marque la victoire inéluctable du temps qui passe et conduit à la mort.

2 • Deux éditions, deux parcours différents

- Dans l'édition de 1857, après avoir choisi de chercher la beauté dans le mal, le poète propose, à travers le parcours des sections suivantes, plusieurs façons d'**expérimenter le mal**. Dans « Fleurs du mal », la **source de la création** se trouve dans **toutes les formes de la destruction**. « Révolte » revendique le choix de Satan contre les valeurs faussement positives inspirées par Dieu. « Le Vin » propose, contre la morale commune, de voir dans l'ivresse, et quelle que soit la violence qu'elle suscite, un moyen d'échapper à l'engluement dans le réel et ses souffrances. « La Mort » consacre la mort comme la seule véritable délivrance.

- En 1861, Baudelaire crée une nouvelle section, celle des « **Tableaux parisiens** ». **La ville, espace de la laideur et du mal,** se révèle aussi le lieu de l'imprévu et du bizarre. Le poète peut s'y mêler à la foule, s'y perdre, pour finalement trouver du nouveau. Suivie de la section « Le Vin », la ville apparaît comme l'une des tentatives d'échapper à la dualité douloureuse qui torture le poète. Toutefois, dans cette édition, les trois sections suivantes résonnent comme un démenti cruel à ces échappatoires. La mort n'est plus une délivrance, mais le choix ultime de la damnation.

3 • *Les Épaves* (1866)

• Pour rééditer les six pièces condamnées, exclues de l'édition de 1861, Baudelaire compose et rassemble vingt-trois autres poèmes, qu'il fait circuler, d'abord en Belgique, sous le titre *Les Épaves*.

4 • L'édition posthume de 1868

• On sait que Baudelaire rêvait d'une troisième édition des *Fleurs du mal*. Mais sa mort a empêché la réalisation de ce projet. Ses amis, sous la direction de Théodore de Banville, ont donc choisi de composer eux-mêmes un nouveau recueil. Vingt-cinq poèmes ont été ajoutés à l'édition de 1861 (onze repris des *Épaves*, treize parus dans des revues et un inédit). Si cette édition reprend bien l'organisation en sections de 1861, elle intègre de manière assez aléatoire les nouveaux poèmes aux côtés des précédents et brise, à l'évidence, toute cohérence architecturale.

DES THÈMES SUBVERSIFS

• L'architecture extrêmement précise des *Fleurs du mal* était d'autant plus nécessaire que, cherchant la beauté dans le mal, le poète proposait comme objet de son exploration poétique des thèmes et des motifs considérés comme scandaleux :
— la **laideur** et les **sources de dégoût**, comme dans « Une charogne » (27) ;
— le **désir** et la **sexualité**, pour dire l'insatiabilité du désir féminin (« Sed non satiata », 24), les relations de domination (« Le vampire », 29), la prostitution (« *Tu mettrais l'univers entier dans ta ruelle* », 23), l'homosexualité féminine (« Lesbos », 80 ; « Femmes damnées », 81 et 82) ;
— les **paradis artificiels**, avec le vin (une section entière), l'opium (« Le poison », 45 ; « Recueillement », 159) ;
— le **blasphème**, comme dans « Le reniement de Saint Pierre » (90) ; « Les litanies de Satan » (92).

UNE FORME FIXE PRIVILÉGIÉE : LE SONNET

• Baudelaire a la **passion de la forme et des formes fixes**. *Les Fleurs du mal* compte ainsi de très nombreuses formes poétiques, notamment celles qui s'appuient sur les procédés de la chanson (ballade, rondeau, pantoum…). Mais, de toutes les formes codifiées, c'est le sonnet qui a sa préférence.

1 • Un apparent classicisme ?

• Hérité de la poésie lyrique des poètes de La Pléiade (XVIe siècle), le sonnet est aussi valorisé dans la poésie de l'École parnassienne avec laquelle Baudelaire entretiendra un temps des liens étroits. Cet apparent classicisme est cependant le cadre que se donne le poète pour libérer son imagination créatrice.

• Presque la moitié des poèmes du recueil sont des sonnets. Mais dans l'édition de 1857, seuls deux poèmes (« Parfum exotique », 21 et « Sed non satiata », 24) respectent en fait strictement le schéma des rimes que le poète parnassien, Théodore de Banville, considère comme régulier.

2 • Des règles transgressées

• Baudelaire se plie rarement aux règles du **sonnet régulier** : la régularité de « Parfum exotique » tient à ce qu'il s'agit d'un poème heureux et exceptionnellement harmonieux ; la régularité de « Sed non satiata » est au contraire tout à fait ironique, puisqu'elle se greffe sur un motif scandaleux. L'apparent respect des règles métriques n'est qu'un leurre destiné à mettre en relief l'exploitation d'un thème défiant les règles de la morale traditionnelle. Le plus souvent, il **transgresse les règles du sonnet** et compose, selon Théodore de Banville, des « sonnets libertins ».

3 • Une forme brève propice à la liberté créatrice

• Lorsqu'elle est respectée, la **rupture** entre les quatrains et les tercets (volta) renforce, grâce à **l'opposition** qu'elle permet, la thématique de la **dualité** (« Le guignon », 11 ; « La vie antérieure », 12).

• La forme du sonnet est surtout caractéristique d'une **esthétique de la brièveté**. Baudelaire la choisit aussi pour marquer sa rupture avec la poésie romantique et ses longs épanchements personnels (« L'idéal », 18 ; « La beauté », 17).

• Enfin, le choix d'une **forme contraignante** permet à une inspiration fragile de trouver un cadre solide (« L'ennemi », 10). Baudelaire écrit d'ailleurs, dans une lettre à Armand Fraisse : « Parce que la forme est contraignante, **l'idée jaillit plus intense**. Tout va bien au sonnet : la bouffonnerie, la galanterie, la passion, la rêverie, la méditation philosophique. »

• Baudelaire coule les motifs de la modernité poétique et du scandale dans les formes les plus traditionnelles de la poésie. S'il ne déconstruit pas totalement celles-ci, il utilise leur potentiel subversif pour explorer les formes du mal.

FICHE 2

La figure du poète

La figure du poète maudit, à laquelle on identifie Baudelaire, ne doit pas laisser croire que cette condition est seulement subie. La marginalité est un choix éthique et esthétique, conforme à la mission que Baudelaire confie à la poésie.

LES MISSIONS DU POÈTE

- La mission du poète peut ainsi être comprise comme une tentative de faire accéder ses contemporains à un idéal qui leur fait défaut, quitte à leur montrer la beauté qu'on peut extraire de l'apparente laideur du monde. Choisir la poésie, pour Baudelaire, c'est d'abord **résister au conformisme** de son époque.

1 • Un dandy

- Né en Angleterre au début du XIXe siècle, le dandysme est une mode vestimentaire qui se traduit par une élégance raffinée mais qui consiste avant tout en un mode de vie et un choix philosophique. Le dandy cultive la différence et l'artifice, et veut le triomphe de l'art sur la nature. Baudelaire revendique à travers le dandysme « le plaisir aristocratique de déplaire ». Le choix de nombreux motifs scandaleux dans *Les Fleurs du mal* peut se rattacher à ce parti pris.

2 • Un intercesseur entre Dieu et les hommes

- S'il se distingue des goûts du plus grand nombre, Baudelaire n'établit pas pour autant une coupure définitive entre le poète et la foule. Des **romantiques**, il conserve en effet l'image d'un poète intercesseur entre Dieu (ou l'Idéal) et les hommes.

- Il considère que les artistes, et par conséquent les poètes, sont investis de la mission quasi prophétique d'**éclairer l'humanité ordinaire** (« Les phares », 6).

3 • Le « prince des nuées »

- Condamné à la solitude par sa différence, **le poète s'élève au-dessus de l'ingrate multitude qui ne comprend pas sa vocation**. Le poème « L'albatros » (104) représente ainsi sur le mode allégorique la condition du poète, « semblable au prince des nuées », que ses « ailes de géant » « empêchent de marcher » lorsqu'il est « sur le sol au milieu des huées ».

UNE FIGURE DU DÉCHIREMENT

- Si le poète s'oppose au conformisme de son époque, c'est aussi parce qu'il a conscience d'incarner tragiquement la condition de l'homme moderne.

1 • Une condition tragique

- Dans *Mon cœur mis à nu*, Baudelaire écrit : « Il y a dans tout homme, à toute heure, **deux postulations simultanées, l'une vers Dieu, l'autre vers Satan**. L'invocation à Dieu, ou spiritualité, est un désir de monter en grade ; celle de Satan, ou animalité, est une joie de descendre. » Constamment tiraillé, le poète oscille entre l'une et l'autre.

- *Les Fleurs du mal* peuvent donc être lues comme un **drame de la conscience.** L'oxymore sur lequel est formé le titre du recueil l'indique assez : condamné à assumer la part de mal qui est en lui, le poète ne peut espérer faire jaillir la beauté que de ce terreau maléfique qu'il n'aura de cesse d'explorer.

2 • Un peintre de la vie moderne

- Cette nécessité de chercher la beauté dans le mal et dans la laideur est aussi ce qui fait de lui un « peintre de la vie moderne ». Dans l'essai qu'il consacre au peintre Constantin Guys (1802-1892), Baudelaire affirme ainsi : « il est beaucoup plus commode de déclarer que tout est absolument laid dans l'habit d'une époque, que de s'appliquer à en extraire la beauté mystérieuse qui peut y être contenue, si minime ou si légère qu'elle soit. »

- Les poèmes de la section « Tableaux parisiens » sont ainsi l'occasion privilégiée, pour le poète, de capter l'étrange et fugitive beauté de la réalité urbaine.

FICHE 3

Le spleen

S'il a beaucoup à voir avec le « mal du siècle » dont était victime la génération romantique, le spleen[1] baudelairien en constitue néanmoins une forme aggravée. Renoncement physique, intellectuel et spirituel, le spleen est une expérience existentielle de l'ennui et une angoisse métaphysique face à l'absence de transcendance[2] et de finalité historique. Quatre poèmes du recueil portent d'ailleurs le titre « Spleen[3] ». Comment se manifeste-t-il dans Les Fleurs du mal *? En quoi le spleen est-il tout à la fois un obstacle à la création poétique et la condition d'une poésie nouvelle ?*

LES CIRCONSTANCES PROPICES AU SPLEEN

- Même lorsqu'il s'efforce d'atteindre l'idéal, le poète se heurte à un ensemble de circonstances qui marquent inévitablement son entrée dans l'état spleenétique. C'est parce que **le spleen est lié au climat** que Baudelaire choisit, pour décrire son état, un mot anglais. Il évoque ainsi un temps brumeux et pluvieux.

- **La solitude du poète**, essentiellement métaphysique, **le renvoie sans cesse à la vacuité de son existence**. Il ne perçoit aucune possibilité de secours d'une éventuelle transcendance. Le titre du poème, « De profundis clamavi » (28), est d'ailleurs emprunté à un psaume de la Bible[4] et détourné de son usage habituel, car il ne sert à rien, pour le poète, d'appeler Dieu à l'aide.

- Enfin, **c'est parce qu'il se sent profondément désœuvré que le poète est gagné par le spleen. L'ennui** est un terme récurrent des *Fleurs du mal*. Dans le poème « Spleen » (60), le poète reconnaît que « L'ennui, fruit de la morne incuriosité,/Prend désormais les proportions de l'immortalité ».

LES EFFETS DU SPLEEN

- Lorsque le spleen s'empare du poète, ses manifestations sont aussi bien physiques que psychiques et intellectuelles. Sous l'effet du spleen, le poète ressent un

---

1. Le mot « spleen » est emprunté à la langue anglaise, mais est employé en français dès le XVIIIe siècle. Il désigne alors un état de tristesse irrémédiable accompagné d'un sentiment d'ennui profond.
2. Transcendance : principe extérieur et supérieur à l'homme et à la réalité dans laquelle il vit (exemple : Dieu).
3. Il s'agit des poèmes 59, 60, 61 et 62.
4. Les premiers mots du psaume 130 de la Bible sont : « Du fond de l'abîme, j'ai crié vers vous, Seigneur. »

redoutable **sentiment de claustration**. Il éprouve une sensation d'asphyxie et se sent comme pris au piège. Ainsi, dans « De profundis clamavi » (28), le poète vit dans « un univers morne à l'horizon plombé ».

- **L'angoisse qui manifeste le plus intensément l'emprise du spleen est celle qui s'attache à l'écoulement du temps.** Le temps qui passe, et conduit à la mort, rappelle au poète qu'il doit le mettre à profit.

- Dans le poème « L'ennemi » (10), le Temps, allégorisé[1], est assimilé à un « Ennemi qui nous ronge le cœur ». On se souvient aussi que, dans l'édition de 1861, la section « Spleen et Idéal » s'achève sur le poème intitulé « L'horloge » (122).

- L'emprise du spleen est si forte sur le poète qu'elle a pour conséquence son **impuissance poétique et créatrice**. Dans « L'ennemi » (10), le poète assimile sa vie à un jardin où l'on trouve des « fleurs », métaphores de la création poétique. Mais sous l'effet du spleen, les capacités créatrices du poète semblent disparaître, le jardin n'étant plus qu'un « sol lavé comme une grève ».

LES ANTIDOTES AU SPLEEN

- Souvent accablé par la force du spleen, le poète ne cesse cependant d'y chercher des dérivatifs, voire d'y opposer de véritables réponses. Si **les femmes** ne font souvent que redoubler les tourments du poète, l'amour n'en reste pas moins sa « fleur du mal » privilégiée. À la source de son exaltation et de son aliénation, déesse ou bourreau selon les moments, mère, sœur ou amante selon le rôle que Baudelaire leur attribue, les femmes conjurent intensément le spleen du poète.

- Lorsqu'il n'est plus capable de fuir le réel et ses blessures, le poète s'y enfonce, par goût de la perte et de la destruction. **Les « paradis artificiels »** que sont notamment le vin et l'opium constituent des dérivatifs au spleen. Mais, comme le dit précisément « La fontaine de sang » (84), les paradis artificiels ne réussissent qu'à « endormir pour un jour la terreur qui [l]e mine ».

- **La seule vraie réponse au spleen est donc la création poétique.** Elle est certes difficile, mais tire sa beauté de la souffrance qu'elle exige. Si, dans « L'ennemi » (10), le poète se désole de son manque d'inspiration, le sonnet constitue en lui-même la preuve d'une victoire sur le spleen.

---

1. Allégorisé : traité comme une allégorie ; une allégorie étant la représentation concrète d'une idée abstraite. À l'écrit, l'allégorisation se marque par l'emploi d'une majuscule.

THÈME 1

La fuite du temps, source de création artistique

La fuite du temps est l'un des thèmes traditionnels de la poésie et de la création artistique. L'art est en effet souvent perçu comme le moyen de lutter contre la perte et l'oubli. Que reste-t-il au poète lorsque celui-ci fait le bilan de sa vie ? Comment le temps peut-il inspirer le poète tout en étant son plus grand ennemi ?

DOCUMENT 1

CHARLES BAUDELAIRE, *Les Fleurs du mal* (1857) ♦ « L'ennemi » (10) → p. 31

> « *L'ennemi* » *prend place dans la section* « *Spleen et Idéal* ». *Dans ce sonnet, le poète passe en revue les saisons de sa vie et déplore la fuite du temps, laquelle tarit son inspiration.*

DOCUMENT 2

ALFRED DE MUSSET, *Derniers vers* (1840) ♦ « Tristesse »

> *Musset évoque à demi-mots, dans ce sonnet, plusieurs moments dramatiques de sa vie et dresse le bilan d'une vie de poète.*

J'ai perdu ma force et ma vie,
Et mes amis et ma gaieté ;
J'ai perdu jusqu'à la fierté
Qui faisait croire à mon génie.

5 Quand j'ai connu la Vérité,
J'ai cru que c'était une amie ;
Quand je l'ai comprise et sentie,
J'en étais déjà dégoûté.

Et pourtant elle est éternelle,
10 Et ceux qui se sont passés d'elle
Ici-bas ont tout ignoré.

Dieu parle, il faut qu'on lui réponde.
Le seul bien qui me reste au monde
Est d'avoir quelquefois pleuré.

DOCUMENT 3

GUILLAUME APOLLINAIRE, *Alcools* (1913) ♦ « Automne malade »

L'automne évoque traditionnellement la fuite du temps et la mélancolie. Dans ce poème d'Alcools, Apollinaire reprend ce topos et en renouvelle l'évocation grâce au choix de l'écriture en vers libres.

Automne malade et adoré
Tu mourras quand l'ouragan soufflera dans les roseraies
Quand il aura neigé
Dans les vergers

5   Pauvre automne
Meurs en blancheur et en richesse
De neige et de fruits mûrs
Au fond du ciel
Des éperviers planent
10 Sur les nixes[1] nicettes[2] aux cheveux verts et naines
Qui n'ont jamais aimé

Aux lisières lointaines
Les cerfs ont bramé

Et que j'aime ô saison que j'aime tes rumeurs
15 Les fruits tombant sans qu'on les cueille
Le vent et la forêt qui pleurent
Toutes leurs larmes en automne feuille à feuille
        Les feuilles
        Qu'on foule
20   Un train
        Qui roule
        La vie
        S'écoule

---

1. Nixe : nymphe des eaux dans les légendes germaniques.

2. Nicettes : mignonnes

DOCUMENT 4

LOUIS ARAGON, *Le Roman inachevé* (1956) ♦ « Je chante pour passer le temps », © Éditions Gallimard

Le Roman inachevé est l'autobiographie d'Aragon écrite en vers. Le poète, âgé de cinquante-neuf ans, revient sur sa vie passée, à la lumière des désillusions politiques qu'il a connues, et de l'amour d'Elsa Triolet qui continue à l'inspirer.

Je chante pour passer le temps
Petit qu'il me reste de vivre
Comme on dessine sur le givre
Comme on se fait le cœur content
5 À lancer cailloux sur l'étang
Je chante pour passer le temps

J'ai vécu le jour des merveilles
Vous et moi souvenez-vous-en
Et j'ai franchi le mur des ans
10 Des miracles plein les oreilles
Notre univers n'est plus pareil
J'ai vécu le jour des merveilles

Allons que ces doigts se dénouent
Comme le front d'avec la gloire
15 Nos yeux furent premiers à voir
Les nuages plus bas que nous
Et l'alouette à nos genoux
Allons que ces doigts se dénouent

Nous avons fait des clairs de lune
20 Pour nos palais et nos statues
Qu'importe à présent qu'on nous tue
Les nuits tomberont une à une
La Chine s'est mise en Commune
Nous avons fait des clairs de lune

25 Et j'en dirais et j'en dirais
Tant fut cette vie aventure
Où l'homme a pris grandeur nature
Sa voix par-dessus les forêts
Les monts les mers et les secrets
30 Et j'en dirais et j'en dirais

Oui pour passer le temps je chante
Au violon s'use l'archet
La pierre au jeu des ricochets
Et que mon amour est touchante
35 Près de moi dans l'ombre penchante
Oui pour passer le temps je chante

Je passe le temps en chantant
Je chante pour passer le temps

THÈME 2

La femme, muse et démon

Depuis Pétrarque (1304-1374), le sonnet est la forme privilégiée pour célébrer la femme aimée. Mais les représentations de la femme sont souvent ambivalentes. Quelles images les poètes et les artistes brossent-ils de celles qu'ils placent au rang de muses ?

DOCUMENT 5

CHARLES BAUDELAIRE, Les Fleurs du mal (1857) ♦ « Parfum exotique » (21) → p. 42

> « *Parfum exotique* » *prend place dans la section* « *Spleen et Idéal* »*. Ce sonnet évoque le souvenir du séjour de Baudelaire à l'île Bourbon (actuelle Réunion), et la sensualité de la mulâtresse Jeanne Duval.*

DOCUMENT 6

CHARLES BAUDELAIRE, Les Fleurs du mal (1857) ♦ « Sed non satiata » (24) → p. 44

> « *Sed non satiata* » *prend place dans la section* « *Spleen et Idéal* »*. Ce sonnet emprunte son titre à la sixième* Satire *de Juvenal contre les femmes, qui met en scène l'impératrice Messaline, supposée se livrer à la prostitution.*

DOCUMENT 7

PIERRE DE RONSARD, Sonnets pour Hélène (1578) ♦ « Le soir qu'Amour vous fit en la salle descendre » (Livre II, 49)

> *Ronsard consacre à Hélène de Surgères un ensemble de poèmes amoureux. Ce sonnet appartient à la tradition de la poésie d'hommage. La femme est ici au centre d'un monde harmonieux dont elle est la déesse qu'on vénère.*

Le soir qu'Amour vous fit en la salle descendre
Pour danser d'artifice un beau ballet d'amour,
Vos yeux, bien qu'il fût nuit, ramenèrent le jour,
Tant ils surent d'éclairs par la place répandre.

5 Le ballet fut divin, qui se soulait[1] reprendre,
Se rompre, se refaire, et tour dessus retour
Se mêler, s'écarter, se tourner à l'entour,
Contre-imitant le cours du fleuve de Méandre[2].

---

1. Se soulait : ne cessait de.

2. Méandre : fleuve d'Asie Mineure, au cours sinueux.

Ores il était rond, ores long, or étroit,
Or[1] en pointe, en triangle en la façon qu'on voit
L'escadron de la grue évitant la froidure[2].

Je faux, tu ne dansais, mais ton pied voletait
Sur le haut de la terre ; aussi ton corps s'était
Transformé pour ce soir en divine nature.

DOCUMENT 8

PAUL VERLAINE, *Poèmes saturniens* (1866) ♦ « Mon rêve familier »

Poèmes saturniens est le premier recueil de poèmes de Verlaine. On y repère les influences des poètes de son temps. Ce célèbre sonnet évoque l'insaisissable identité de la femme idéale.

Je fais souvent ce rêve étrange et pénétrant
D'une femme inconnue, et que j'aime, et qui m'aime
Et qui n'est, chaque fois, ni tout à fait la même
Ni tout à fait une autre, et m'aime et me comprend.

Car elle me comprend, et mon cœur, transparent
Pour elle seule, hélas ! cesse d'être un problème
Pour elle seule, et les moiteurs de mon front blême,
Elle seule les sait rafraîchir, en pleurant.

Est-elle brune, blonde ou rousse ? – Je l'ignore.
Son nom ? Je me souviens qu'il est doux et sonore
Comme ceux des aimés que la Vie exila.

Son regard est pareil au regard des statues,
Et, pour sa voix, lointaine, et calme, et grave, elle a
L'inflexion des voix chères qui se sont tues.

---

1. Ores... ores.../or... or... : tantôt... tantôt. | **2. Froidure** : air froid.

ÉCRIT

Contre la fuite du temps | SUJET D'ÉCRIT 1 |

Objets d'étude : Du romantisme au surréalisme • Écriture poétique et quête de sens

DOCUMENTS (*Les documents figurent dans l'ouvrage, pp. 31, 291-292*)

- **BAUDELAIRE**, *Les Fleurs du mal* (1857), « L'ennemi » → DOC 1, p. 31
- **MUSSET**, *Derniers vers* (1840), « Tristesse » → DOC 2, p. 291
- **APOLLINAIRE**, *Alcools* (1913), « Automne malade » → DOC 3, p. 292

QUESTIONS SUR LE CORPUS

1 Que pouvez-vous dire des formes de chacun de ces poèmes ?

2 Quels sont, dans chacun de ces poèmes, les effets de la fuite du temps ?

TRAVAUX D'ÉCRITURE

Commentaire (séries générales)

Vous ferez le commentaire du document 3, p. 292 (« Automne malade »).

Commentaire (séries technologiques)

Vous ferez le commentaire du document 1, p. 31 (« L'ennemi »), en vous aidant des pistes de lecture suivantes :
– montrez comment le poète assimile son existence à un jardin soumis aux variations climatiques ;
– la fuite du temps menace-t-elle la force créatrice du poète ?

Dissertation

Pensez-vous que l'écriture poétique soit une manière de lutter contre la fuite du temps ?

Vous répondrez à cette question de façon organisée, en vous appuyant sur des exemples précis.

Écriture d'invention

Sur le modèle du poème d'Apollinaire, « Automne malade » (document 3, p. 292), écrivez un poème consacré au printemps.

ÉCRIT

Dire l'amour | SUJET D'ÉCRIT 2 |

Objets d'étude : Du romantisme au surréalisme • Écriture poétique et quête de sens.

DOCUMENTS (*Les documents figurent dans l'ouvrage, pp. 42-44, 294-295*)

- **BAUDELAIRE**, *Les Fleurs du mal* (1857), « Parfum exotique » → DOC 5, p. 42
- **BAUDELAIRE**, *Les Fleurs du mal* (1857), « Sed non satiata » → DOC 6, p. 44
- **RONSARD**, *Sonnets pour Hélène* (1578), « Le soir qu'Amour vous fit en la salle descendre » (Livre II, 49) → DOC 7, p. 294
- **VERLAINE**, *Poèmes saturniens* (1866), « Mon rêve familier » → DOC 8, p. 295

QUESTIONS SUR LE CORPUS

En vous appuyant sur une description précise de ces quatre sonnets (régularité, vers, rythme et rimes), vous direz dans quelle mesure le choix de cette forme vous paraît correspondre à l'image de la femme évoquée par chacun d'eux.

TRAVAUX D'ÉCRITURE

Commentaire (séries générales)

Vous ferez le commentaire du document 6, p. 44 (« Sed non satiata »).

Commentaire (séries technologiques)

Vous ferez le commentaire du document 5, p. 42 (« Parfum exotique »), en vous aidant des pistes de lecture suivantes :
– étudiez comment le poète entre progressivement dans le rêve ;
– quels moyens utilise le poète pour montrer que la relation à la femme est harmonieuse et apaisante ?

Dissertation

Dans *Mon cœur mis à nu* (p. 256, XXV, 45.), Baudelaire écrit : « Qu'est-ce que l'amour ? Le besoin de sortir de soi. L'homme est un animal adorateur. » Pensez-vous que l'écriture poétique amoureuse vérifie cette affirmation ?
Vous répondrez à cette question de façon organisée, en vous appuyant sur des exemples précis.

ÉCRIT

Écriture d'invention

Dans le document 7, p. 294, Ronsard observe et décrit un bal auquel participait Hélène. Dans une lettre à la tonalité ironique et espiègle, vous adopterez le point de vue de la jeune fille qui rend compte au vieil homme de sa version du bal.

ORAL

Le spleen baudelairien | SUJET D'ORAL 1|

- BAUDELAIRE, *Les Fleurs du mal* (1857) → « Spleen » (62), p. 90

QUESTIONS

En quoi le Spleen est-il bien l'antithèse de l'Idéal baudelairien ?

COMME À L'ENTRETIEN

1 Quatre poèmes des *Fleurs du mal* portent le titre de « Spleen ». Quels sont leurs points communs et leurs différences ?
2 En quoi le temps peut-il être un ennemi, pour Baudelaire comme pour les autres poètes que vous connaissez ?
3 Quels remèdes au spleen Baudelaire propose-t-il ?

Images de la femme | SUJET D'ORAL 2|

- BAUDELAIRE, *Les Fleurs du mal* → « À une mendiante rousse » (65), p. 93

QUESTIONS

En quoi ce poème d'éloge est-il paradoxal ?

COMME À L'ENTRETIEN

1 Quelles autres figures féminines des *Fleurs du mal* connaissez-vous ? En quoi celle-ci s'en distingue-t-elle ?
2 Dans l'édition de 1857, ce poème appartient à la section « Spleen et Idéal ». Dans celle de 1861, il appartient aux « Tableaux parisiens ». Que pensez-vous de ce changement ?

Pietro della Vecchia, la mort et son grotesque

DOCUMENT | LECTURE 1 |

- **PIETRO MUTTONI dit PIETRO DELLA VECCHIA (1603-1678)**, *Les Trois Parques* (XVIIe siècle). Modène, Galleria Estense.
ph © Archives Alinari, Florence / Dist. RMN-Grand Palais / Mauro Magliani
→ CAHIER COULEURS p. I

Dans la mythologie romaine, les trois Parques, Nona, Decima et Morta, tiennent le fil de la vie des mortels, qu'elles coupent lorsque leur heure est venue. Ces divinités sont généralement représentées comme des fileuses, responsables de la destinée humaine, et incarnent donc la fatalité de la mort. Baudelaire les évoque notamment dans le dernier vers de son «De profundis clamavi» (28) à travers la métaphore de «l'écheveau du temps».

Pietro Della Vecchia en a, parmi bien d'autres, proposé une représentation. Peintre italien de l'époque baroque, il est particulièrement reconnu comme peintre de scènes grotesques et de portraits.

QUESTIONS

1 Quelle est la composition du tableau ?

2 Qu'évoque le crâne dans ce tableau ?

3 Dans quelle mesure peut-on dire que ce tableau tient d'une scène grotesque ?

LECTURE DE L'IMAGE

Watteau, le peintre des fêtes galantes

DOCUMENT | LECTURE 2 |

• **ANTOINE WATTEAU (1684-1721)**, *L'Embarquement pour Cythère* ou *Pèlerinage à l'île de Cythère* (1717).
Huile sur toile (1,29 x 1,94 m), Paris, musée du Louvre.
ph © Stéphane Maréchalle / RMN-Grand Palais (musée du Louvre)
→ CAHIER COULEURS **p. II**

Cité par Baudelaire dans la sixième strophe des «Phares» (6), où des «cœurs illustres,/Comme des papillons, errent en flamboyant», Watteau incarne, selon l'historien Jules Michelet, «le printemps du siècle» : la rigueur morale de la fin de règne de Louis XIV cède la place à un temps de respiration et de libération des mœurs chez les aristocrates, dont Watteau excelle à représenter les fêtes. Il peint ce tableau comme Morceau de réception pour entrer à l'Académie royale, qui crée pour lui la catégorie de «peintre de fêtes galantes».

Dans l'Antiquité, l'île de Cythère était un lieu sacré dédié à Aphrodite, la déesse de l'Amour.

QUESTIONS

1 Quelle est la composition du tableau ?

2 Décrivez le paysage et la manière dont il est représenté dans ce tableau.

3 Selon vous, les couples abordent-ils l'île ou la quittent-ils ? Justifiez votre réponse.

LECTURE DE L'IMAGE

Delacroix, le peintre romantique

DOCUMENT | LECTURE 3 |

- **EUGÈNE DELACROIX (1798-1863)**, *Dante et Virgile aux Enfers* dit aussi *La Barque de Dante* (1822).

Huile sur toile (hauteur : 1,890 m ; longueur : 2,460 m), Paris, musée du Louvre.
ph © Josse / Leemage

→ CAHIER COULEURS **p. III**

Cité dans la huitième strophe des « Phares » (6), Delacroix est le peintre le plus important pour la réflexion esthétique de Baudelaire. Le poète lui consacre de nombreuses pages dans ses différents écrits esthétiques. Préférant la couleur au trait, et le mouvement à la ligne, Baudelaire oppose l'art romantique de Delacroix à celui, néoclassique, d'Ingres.

Ce tableau est la première œuvre présentée au Salon de 1822 par Delacroix et marque le signal de la révolution romantique. Ses grandes dimensions (189 cm x 241,5 cm) anoblissent le thème littéraire de la descente aux Enfers, ici emprunté à l'œuvre de Dante, et élèvent, dans la hiérarchie des genres, un thème tenu jusque-là pour secondaire en peinture.

Delacroix s'inspire du chant VIII de l'Enfer de *La Divine Comédie*. Dante, poète italien, et Virgile, poète latin, debout sur une barque que guide Phlégias[1], traversent le Styx, le fleuve des Enfers. Les damnés s'agrippent à leur barque pour tenter de s'échapper.

QUESTIONS

1 Quelle est la composition du tableau ?

2 Quelles sont les couleurs qui dominent le tableau ? Que suggèrent-elles ?

3 Que représentent Dante et Virgile dans ce tableau ? Expliquez leurs gestes et leurs regards.

---

1. Phlégias, ou Phlégyas, incendie, par vengeance, le temple d'Apollon. Dans l'*Énéide*, Virgile le décrit errant dans les Enfers, où il tente d'avertir les autres de ne pas mépriser les dieux.

LECTURE DE L'IMAGE

Courbet, le réaliste

DOCUMENT | LECTURE 4 |

- **GUSTAVE COURBET (1819-1877)**, *Portrait de Baudelaire* (1848).
Huile sur toile (hauteur : 0,540 m), Montpellier, musée Fabre.
ph © RMN-Grand Palais / Agence Bulloz
→ CAHIER COULEURS **p. IV**

Né à Ornans en 1819, Gustave Courbet fréquente, à Paris, la bohème artistique et littéraire. Il rencontre Baudelaire, probablement par l'intermédiaire de l'écrivain Champfleury (1821-1889), le chef de file du réalisme. De 1847 à 1849, le peintre et le poète sont très liés, mais se brouillent par la suite et critiquent l'un et l'autre leurs choix esthétiques. En 1862, Baudelaire reconnaît néanmoins les mérites de Courbet qui a représenté le poète dans *L'Atelier du peintre* (1855) parmi les personnalités qui l'ont le plus aidé.

Courbet peint le *Portrait de Baudelaire* à l'époque où les deux artistes avaient l'habitude de se fréquenter.

QUESTIONS

1 Quelle est la composition du tableau ?

2 Quels sont les objets représentés ? Qu'indiquent-ils ?

3 Quelle image du poète ce tableau nous donne-t-il ?

LECTURE DE L'IMAGE

Ingres, le néoclassique

DOCUMENT | LECTURE 5 |

- JEAN-AUGUSTE-DOMINIQUE INGRES (1780-1867), *Jupiter et Antiope* (1851).
Huile sur toile (hauteur : 0,323 m ; longueur : 0,433 m), Paris, musée d'Orsay.
ph © Hervé Lewandowski / RMN-Grand Palais
→ CAHIER COULEURS **p. V**

Selon le poète Ovide, dans les *Métamorphoses*, Zeus prit la forme d'un satyre pour abuser d'Antiope pendant son sommeil. Baudelaire se réfère à cet épisode dans le septième quatrain des «Bijoux» (20). Il a été représenté par de nombreux peintres, dont Le Corrège (1489-1534), Watteau (1684-1721) et Ingres.

Peintre et sculpteur, Ingres étudie d'abord sous la direction du peintre David (1748-1825). Puis, à Rome, il découvre le peintre Raphaël, qui marque définitivement son style. Ingres attache une grande importance au dessin, déclarant même qu'«une chose bien dessinée est toujours assez bien peinte». Tout en lui reconnaissant de l'importance dans ses *Salons*, Baudelaire dévalorise cette dominance du trait et cette esthétique néoclassique.

Les nus d'Ingres, dont fait partie *Jupiter et Antiope*, au même titre que le *Bain turc* et la *Grande Odalisque*, affichent pourtant une sensualité particulièrement expressive.

QUESTIONS

1 Quelle est la composition du tableau ?

2 Quel est l'effet produit par le choix des couleurs ?

3 En quoi ce tableau vous paraît-il particulièrement sensuel ?

LECTURE DE L'IMAGE

Bonnat, le portraitiste

DOCUMENT | LECTURE 6 |

- **LÉON BONNAT (1833-1922)**, *La Résurrection de Lazare* (1857).

Huile sur toile (hauteur : 1,120 m ; longueur : 1,450 m), Bayonne, musée Bonnat.
ph © DeAgostini / Leemage

→ **CAHIER COULEURS p. VI**

Dans l'Évangile selon saint Jean (chapitre 11), Lazare de Béthanie était un ami de Jésus, frère de Marthe et de Marie de Béthanie. Mort depuis quatre jours, il est ressuscité par Jésus et sort de son tombeau.

Cet épisode biblique a inspiré de nombreux tableaux et occupe une grande place dans la littérature. Il est explicitement évoqué par Baudelaire dans le cinquième quatrain du «Flacon» (44) : «Où, Lazare odorant déchirant son suaire,/Se meut dans son réveil le cadavre spectral».

C'est grâce à son tableau «La Résurrection de Lazare» que Bonnat a obtenu le deuxième prix de Rome en 1857. Nourri de l'observation attentive des maîtres italiens, Bonnat représente de manière très réaliste les têtes des personnages, annonçant ainsi son goût pour l'art du portrait.

QUESTIONS

1 Quelle est la composition du tableau ?

2 Commentez les gestes des personnages.

3 Interprétez les jeux d'ombre et de lumière.

LECTURE DE L'IMAGE

Daumier, le caricaturiste | LECTURE 7 |

DOCUMENT

• **HONORÉ DAUMIER (1808-1879)**, *Caricature sur les amateurs d'art*, série *« Croquis pris au Salon par Daumier »* : « Eh ! bien en regardant ce tableau de près on finit par y découvrir des qualités, on voit que la couleur est bonne. »
Gravure, extraite du journal *Le Charivari* du 16 juin 1865 (28 x 28 cm). Marseille musée des Beaux-Arts. Palais Longchamp, collection « Arts graphiques ».
ph. © Jean Bernard / Leemage
→ CAHIER COULEURS **p. VII**

Fils d'un vitrier marseillais, Daumier est un peintre, sculpteur et, surtout, caricaturiste très admiré par Baudelaire, qui lui consacre d'ailleurs des vers dans *Les Fleurs du mal* (« Vers pour le portrait de M. Honoré Daumier », 139). Il publie d'abord des caricatures politiques et moque particulièrement le roi Louis-Philippe (1773-1850). Puis il s'en prend aux mœurs de son temps : « tous les orgueils, tous les enthousiasmes, tous les désespoirs du bourgeois, rien n'y manque », écrit Baudelaire dans l'article intitulé « Quelques caricaturistes français » (1868). Le poète compare également Daumier à Molière : « Comme lui, il va droit au but. L'idée se dégage d'emblée. On regarde, on a compris [...]. Il y a dans toute son œuvre un fonds d'honnêteté et de bonhomie. »

QUESTIONS

1 Qu'est-ce qui, dans le dessin, signale qu'il s'agit d'une caricature ?

2 De qui Daumier se moque-t-il ?

3 Quelle conception de l'art semblent avoir les hommes représentés ?

LECTURE DE L'IMAGE

Matisse, le goût de la couleur

| LECTURE 8 |

DOCUMENT

- **HENRI MATISSE (1869-1954)**, *Luxe, calme et volupté* (1904).

Huile sur toile (hauteur : 0,980 m ; longueur : 1,118 m) Paris musée d'Orsay. © Succession H. Matisse. Photo © RMN-Grand Palais, musée d'Orsay / Hervé Lewandowski

→ CAHIER COULEURS p. VIII

Chef de file du fauvisme[1], Matisse a néanmoins expérimenté plusieurs techniques picturales avant de devenir le peintre fauve que l'on connaît. Né en 1869, il découvre la peinture à vingt ans et s'intéresse à l'impressionnisme en 1897. Mais c'est après avoir lu le traité du peintre Paul Signac (1863-1935), *D'Eugène Delacroix au néo-impressionnisme*, qu'il s'exerce à la technique de la division. Le tableau *Luxe, calme et volupté* s'inscrit dans cette perspective, même si Matisse emploie la couleur pure en usant d'une touche énergiquement morcelée, qui n'est néanmoins ni pointillée, ni même mosaïquée à la manière de Signac.

Le tableau propose une représentation du célèbre vers de Baudelaire qu'il prend pour titre, mais ne cherche pas à englober l'intégralité du poème « L'invitation au voyage » (49).

QUESTIONS

1 Quelle est la composition du tableau ?

2 Quels éléments du tableau vous semblent illustrer le vers de Baudelaire ?

3 La scène représentée vous évoque-t-elle d'autres tableaux d'autres peintres ?

---

1. Fauvisme : courant pictural du début du XXe siècle, qui libère l'usage de la couleur. Les premiers tableaux firent scandale pour cette raison, et le terme de « fauve » fut d'abord péjoratif avant d'être revendiqué par Matisse, Derain et Braque.

Mathieu Terence,
romancier et poète répond à nos questions

Mathieu Terence est né en 1972. Il a publié une dizaine de livres : des poèmes, des nouvelles, des romans. Ses derniers ouvrages sont un essai sur la littérature, *Présence d'esprit* (2010), et un recueil de poèmes et d'aphorismes, *Petit éloge de la joie* (2011).

Vous souvenez-vous de votre première rencontre avec *Les Fleurs du mal* ? Quelle impression en gardez-vous ?

J'ai treize ans. Je tombe sur le petit exemplaire de poche que ma sœur aînée utilise en classe et qui ne m'a pas quitté depuis, devenu pareil à un talisman. Cette lecture représente pour moi un choc décisif, non seulement dans la vie de l'écrivain que, dès lors, je veux devenir, mais aussi, mais d'abord, dans celle de l'individu que je ne cesserai plus d'être. Je vois se déployer dans les phrases de Baudelaire le monde tel que je ne sais pas le dire mais tel que je le *ressens*.

Sa part d'ombre, de flamboiements, sa bestialité et son innocence, la volupté et la souffrance liées à l'amour, sa violence et sa miraculeuse beauté jusque dans ce qui lui est contraire, la solitude aussi. Tout y est qui me concerne, scandé dans une langue capiteuse et hautaine, dure en un sens, mais dure comme ce qui relève d'une sensibilité à vif. Car c'est là que réside le génie de Baudelaire, comme celui de tout véritable écrivain, dans son « style », dans la musicalité sans réplique de sa langue, dans la résonance d'un esprit qui se mesure à l'univers pour en exprimer la déraison d'être, dans l'adéquation de sa vision de la vie avec une forme à ce point unique qu'elle en devient universelle.

Immédiatement, « L'albatros » et son éloge déchirant de la singularité, « À une passante » et sa tonalité d'intemporelle élégie, « L'invitation au voyage » et son appel d'air quasi-rimbaldien, tous ses poèmes, tous ses écrits, font de Baudelaire mon frère idéal, celui-là même qu'il avouait chercher en tout « hypocrite lecteur ». Cette fraternité spontanée est d'une telle importance que je lui dois mon nom de plume. Terence est l'auteur latin qui a inspiré à Baudelaire l'un de ses plus profonds poèmes : « L'héautontimorouménos ».

Dans l'un de vos livres, *Journal d'un cœur sec*, vous imaginez une suite au *Portrait de Dorian Gray* d'Oscar Wilde, un célèbre dandy. Que doit à Baudelaire votre intérêt pour la figure du dandy ?

Baudelaire a effectivement, à la suite de Barbey d'Aurevilly, théorisé la figure du dandy. Il s'agissait quant à moi (le dandysme est d'abord une pratique) de retourner contre le monde tout ce par quoi il semblait me rejeter et assumer ainsi une singularité qui a de tout temps posé problème au fonctionnement social.

Dans ses poèmes, dans « Mon cœur mis à nu », dans ses critiques et dans sa vie, Baudelaire fait du dandy l'être parfait dont l'élégance, les attitudes, les pensées disent tous à un point extrême la souveraine liberté. C'est une défense et une illustration de ce qu'un individu doit endurer, mais aussi de ce dont il doit faire la preuve, pour affronter la loi du plus grand nombre. Baudelaire, à le lire, a en effet en horreur et en fascination à la fois, la foule qui commence alors de peupler les villes. Il vit au risque de la provocation, mais aussi au risque de l'exclusion que cette « éthique » peut lui coûter.

Quelle image des femmes nous donne, selon vous, l'œuvre de Baudelaire ?

Il y a un contresens massif à ce sujet comme à d'autres dans l'œuvre de Baudelaire. Oui Baudelaire, dans ses journaux intimes, s'en prend à « la » femme, mais au fond bien moins qu'à l'Homme. Plus que « misogyne » (ce qui n'a pas grand sens à son époque), il est misanthrope. Dans sa poésie, il célèbre « les » femmes, avec l'esthétique de son temps, mais surtout avec une langue qui le rapproche des grandes gestes médiévales ou de la courtoisie d'un Ronsard. Les femmes sont pour Baudelaire les êtres de l'intercession vers une destinée plus haute de l'homme. Elles sont le défi, et donc le risque, que la vie lui impose de prendre pour se dépasser. En elles une menace règne mais aussi la promesse, si le danger est déjoué (si la souffrance de leur trahison, de leur rejet, est conjurée), d'accéder au seul paradis qui soit sur terre, celui de l'amour.

Il ne faut pas oublier qu'avec *Les Fleurs du mal* ont paru parmi les plus grands poèmes d'amour de langue française et que, pour une grande part, ces poèmes ont été inspirés à Baudelaire par l'admirable Jeanne Duval, mulâtresse comme on disait à l'époque, avec qui il vécut une longue passion en se fichant éperdument du mépris général.

Dans un autre de vos livres, *Maître-Chien*, vous explorez la problématique de la domination, son ambivalence et sa réversibilité. Pensez-vous avoir travaillé, sur un mode narratif, ce que Baudelaire a choisi de confier à la poésie ?

J'ai en effet abordé ce thème dans ce roman, mais aussi dans mes nouvelles. Il en va ici de l'état de sujétion dans lequel l'amour, mais plus certainement encore le désir, peuvent plonger un homme ou une femme. Baudelaire désire, et il dit ce désir avec des accents d'intensité inouïs et insurpassés. Son désir le plaçait dans une position de vénération, d'adoration même, vis-à-vis de son «obscur objet», qui dans le même mouvement plaçait sa voix sur le registre de l'incantation. Magie noire, magie rouge même. Ce n'est sans doute pas un hasard si ses belles sont ou bien des catins, ou bien des déesses : elles sont à part. Maîtresses femmes, joueuses et vamps, elles précèdent de peu dans le beau cortège des femmes célébrées en art la « femme fatale », telle que le cinéma hollywoodien la sublimera au XXe siècle. « La muse vénale », « L'héautontimorouménos », « Don Juan aux Enfers », illustrent somptueusement les affres de l'amour, quand les succulences de la bestialité charnelle le placent sous leur empire.

De très nombreux poèmes des *Fleurs du mal* sont des sonnets, quoique fort peu soient parfaitement réguliers. Comment comprenez-vous cette fidélité à l'une des formes les plus traditionnelles et codifiées de la poésie ?

Baudelaire s'inscrit dans la tradition de la poésie française. Il ne lui tourne pas le dos, il l'honore à nouveaux frais et s'empare de structures classiques non seulement pour se hisser à la hauteur de ses glorieux précurseurs, non seulement pour s'inscrire dans une histoire qu'il ne renie pas, mais aussi parce que ses rythmiques sévères et simples offrent la meilleure des résonances à ses dons langagiers.

J'ai cité Ronsard, mais je voudrais ici souligner une parenté qui me semble parlante. Dans Baudelaire vibre encore la langue étincelante, la brûlure froide, l'implacabilité fatale de Racine. Le français, avec ces deux auteurs, s'élève à des hauteurs où la nuit est la plus noire mais où les étoiles ont les éclats les plus tranchants.

Selon vous, pourquoi faut-il lire Baudelaire ?

Parce que sa langue est sublime et qu'elle ajoute du sens au sens grâce à ses harmoniques pleines d'ombres et de lumières.

Parce qu'il est professeur de beauté, et qu'à l'entendre bien on voit mieux, on sent mieux, on goûte mieux la vie.

Parce que le trésor de sensations qu'il nous ouvre, se trouve aussi être d'une rare intelligence d'analyse. Baudelaire a plongé pour nous à des profondeurs de l'âme humaine dont on ne revient pas sans quelques mutilations, mais aussi avec de fulgurantes lumières à porter sur les hommes et le monde.

Parce que sa vie et ses écrits sont une démonstration de liberté, qu'en lui l'individu est roi, et que l'uniformisation à laquelle la vie en communauté soumet, il l'a combattue au point d'en payer chèrement le prix. Le procès des *Fleurs du mal* est un exemple de ce que l'hypocrisie peut masquer de crimes et de dépravation quand elle pense devoir mettre l'art hors d'état de nuire.

Index des poèmes

Les numéros renvoient aux numéros des poèmes.

A

À celle qui est trop gaie 39
À propos d'un importun 147
À une dame créole 54
À une Madone 113
À une Malabaraise 145
À une mendiante rousse 65
À une passante 128
Abel et Caïn 91
Albatros (L') 104
Alchimie de la douleur 120
Allégorie 85
Âme du vin (L') 93
Amour du mensonge (L') 131
Amour et le crâne (L') 89
Au lecteur .... page 15
Aube spirituelle (L') 42
Avec ses vêtements ondoyants et nacrés 25
Avertisseur (L') 152
Aveugles (Les) 127

B

Balcon (Le) 34
Béatrice (La) 86
Beau navire (Le) 48
Beauté (La) 17
Bénédiction 1
Bien loin d'ici 156
Bijoux (Les) 20

Bohémiens en voyage 13
Brumes et pluies 63

C

Cabaret folâtre (Un) 148
Causerie 51
Chanson d'après-midi 114
Chant d'automne 112
Charogne (Une) 27
Chat (Le) *(Dans ma cervelle se promène)* 47
Chat (Le) *(Viens, mon beau chat sur mon cœur amoureux)* 33
Châtiment de l'orgueil 16
Chats (Les) 56
Chevelure (La) 107
Ciel brouillé 46
Cloche fêlée (La) 58
Confession 41
Correspondances 4
Coucher du soleil romantique (Le) 133
Couvercle (Le) 150
Crépuscule du matin (Le) 68
Crépuscule du soir (Le) 67
Cygne (Le) 124

D

Danse macabre 130
De profundis clamavi 28

Destruction (La) 78
Deux bonnes sœurs (Les) 83
Don Juan aux Enfers 15
Duellum 108

E
Élévation 3
Ennemi (L') 10
Épigraphe pour un livre
    condamné 160
Examen de minuit (L') 151

F
Fantôme (Un) 110
Femmes damnées *(À la pâle clarté
    des lampes languissantes)* 81
Femmes damnées *(Comme un bétail
    pensif sur le sable couchées)* 82
Fin de la journée (La) 101
Flacon (Le) 44
Flambeau vivant (Le) 38
Fontaine de sang (La) 84
Franciscæ meæ laudes 53

G
Géante (La) 19
Gouffre (Le) 149
Goût du néant (Le) 119
Gravure fantastique (Une) 117
Guignon (Le) 11

H
Harmonie du soir 43
Héautontimorouménos (L') 52

Hiboux (Les) 57
Homme et la mer (L') 14
Horloge (L') 122
Horreur sympathique 121
Hymne 136
Hymne à la beauté 106

I
Idéal (L') 18
Imprévu (L') 143
Invitation au voyage (L') 49
Irrémédiable (L') 64
Irréparable (L') 50

J
*J'aime le souvenir de ces époques
    nues* 5
*Je n'ai pas oublié, voisine de
    la ville* 70
*Je t'adore à l'égal de la voûte
    nocturne* 22
*Je te donne ces vers afin que si
    mon nom* 35
Jet d'eau (Le) 134
Jeu (Le) 66

L
*La servante au grand cœur dont
    vous étiez jalouse* 69
Lesbos 80
Léthé (Le) 30
Litanies de Satan (Les) 92
Lola de Valence 140
Lune offensée (La) 158

M

Madrigal triste 157
Martyre (Une) 79
Masque (Le) 105
Mauvais moine (Le) 9
Métamorphoses du vampire (Les) ... 87
Mœsta et errabunda 55
Monstre (Le) 138
Mort des amants (La) 98
Mort des artistes (La) 100
Mort des pauvres (La) 99
Mort joyeux (Le) 73
Muse malade (La) 7
Muse vénale (La) 8
Musique (La) 76

O-P-Q

Obsession 118
Parfum exotique 21
Paysage 123
Petites vieilles (Les) 126
Phares (Les) 6
Pipe (La) 77
Plaintes d'un Icare (Les) 154
Poison (Le) 45
Possédé (Le) 109
Prière d'un païen (La) 155
Promesses d'un visage (Les) 137
Que diras-tu ce soir, pauvre âme solitaire 37

R

Rançon (La) 144
Rebelle (Le) 153

Recueillement 159
Remords posthume 32
Reniement de Saint Pierre (Le) .. 90
Rêve d'un curieux (Le) 102
Rêve parisien 132
Revenant (Le) 72
Réversibilité 40

S

Sed non satiata 24
Semper eadem 111
Sept vieillards (Les) 125
Sépulture 74
Serpent qui danse (Le) 26
Sisina 115
Soleil (Le) 2
Sonnet d'automne 116
Spleen (*J'ai plus de souvenirs que si j'avais mille ans*) 60
Spleen (*Je suis comme le roi d'un pays pluvieux*) 61
Spleen (*Pluviôse, irrité contre la ville entière*) 59
Spleen (*Quand le ciel bas et lourd pèse comme un couvercle*) 62
Squelette laboureur (Le) 129
Sur *Le Tasse en prison* d'Eugène Delacroix 141
Sur les débuts d'Amina Boschetti 146

T-U

Tonneau de la haine (Le) 71
Tout entière 36

315

Tristesses de la lune 75
*Tu mettrais l'univers entier dans
  ta ruelle* 23
*Une nuit que j'étais près
  d'une affreuse Juive* 31

V-Y
Vampire (Le) 29
Vers pour le portrait de M. Honoré
  Daumier 139

Vie antérieure (La) 12
Vin de l'assassin (Le) 95
Vin des amants (Le) 97
Vin des chiffonniers (Le) 94
Vin du solitaire (Le) 96
Voix (La) 142
Voyage (Le) 103
Voyage à Cythère (Un) 88
Yeux de Berthe (Les) 135

CLASSIQUES & CIE

- 6 Abbé Prévost
  Manon Lescaut
- 88 Apollinaire
  Alcools suivi d'une **anthologie sur l'ivresse poétique**
- 41 Balzac
  Le Chef-d'œuvre inconnu
  Sarrasine
- 47 Balzac
  Le Colonel Chabert
- 11 Balzac
  La Duchesse de Langeais
  Ferragus - La Fille aux yeux d'or
- 3 Balzac
  La Peau de chagrin
- 34 Balzac
  Le Père Goriot et autres textes sur **le thème de l'argent**
- 20 Baudelaire
  Les Fleurs du mal
  Mon cœur mis à nu
- 61 Baudelaire
  Le Spleen de Paris (Petits Poèmes en prose) suivi d'une **anthologie sur le poème en prose**
- 55 Beaumarchais
  Le Barbier de Séville
- 15 Beaumarchais
  Le Mariage de Figaro
  Essai sur le genre dramatique
- 59 Chateaubriand
  René
- 51 Corneille
  Le Cid
- 2 Corneille
  L'Illusion comique et autres textes sur **le théâtre dans le théâtre**
- 87 Corneille
  Médée suivi d'une **anthologie sur le mythe de Médée**
- 38 Diderot
  Jacques le Fataliste
- 66 Diderot
  Supplément au Voyage de Bougainville et autres textes sur **le thème de la nature humaine**
- 89 Dumas
  Pauline suivi d'une **anthologie sur les héroïnes romantiques**
- 80 Durringer
  Ex-voto
- 62 Flaubert
  L'Éducation sentimentale
- 17 Flaubert
  Madame Bovary
  Un cœur simple
- 44 Flaubert
  Trois Contes
- 4 Hugo
  Le Dernier Jour d'un condamné et autres textes sur **la peine de mort**
- 60 Hugo
  Hernani
- 21 Hugo
  Ruy Blas
- 8 Jarry
  Ubu roi
- 5 Laclos
  Les Liaisons dangereuses
- 14 Lafayette (Mme de)
  La Princesse de Clèves
  La Princesse de Montpensier
- 70 La Fontaine
  Fables VII, VIII, IX

78 Laroui
De quel amour blessé

75 Marivaux
Les Acteurs de bonne foi

46 Marivaux
L'Île des Esclaves

12 Marivaux
**Le Jeu de l'amour et du hasard
L'Épreuve**

30 Maupassant
Bel-Ami

52 Maupassant
**Le Horla et autres
nouvelles fantastiques**

18 Maupassant
Nouvelles

27 Maupassant
Pierre et Jean suivi de
trois nouvelles réalistes

40 Maupassant
Une vie et autres **récits de destins
de femmes**

48 Mérimée
**Carmen
Les Âmes du purgatoire**

1 Molière
Dom Juan

19 Molière
**L'École des femmes
La Critique de l'École
des femmes**

25 Molière
Le Misanthrope et autres textes
sur **l'honnête homme**

9 Molière
**Le Tartuffe ou l'Imposteur
Lettre sur la comédie de
l'Imposteur**

86 Montaigne
Essais
et autres textes
sur **la question de l'homme**

45 Montesquieu
Lettres persanes

81 Musset
Les Caprices de Marianne

10 Musset
Lorenzaccio et autres textes
sur **la question politique**

54 Musset
On ne badine pas avec l'amour

35 **La poésie
française au XIXe siècle**
(anthologie)

26 Rabelais
**Pantagruel
Gargantua**

31 Racine
Andromaque suivi d'une
anthologie sur les héroïnes tragiques

21 Racine
Bérénice

23 Racine
Britannicus

7 Racine
Phèdre

64 Rimbaud
Poésies
(Poésies - Une saison en enfer
Illuminations)

37 Rostand
**Cyrano de Bergerac
Lettres de Cyrano de Bergerac**

- 79 Rotrou
  Le Véritable Saint Genest
- 69 Shakespeare
  Hamlet
- 72 Shakespeare
  Roméo et Juliette
- 68 Sophocle
  Œdipe-roi
- 32 Stendhal
  Le Rouge et le Noir
- 77 Trouillot
  Bicentenaire
- 67 Verlaine
  Poèmes saturniens
  Fêtes galantes
  Romances sans paroles
- 84 Vigny
  Chatterton
- 13 Voltaire
  Candide ou l'Optimisme
- 24 Voltaire
  L'ingénu
- 56 Voltaire
  Micromégas et autres contes
- 33 Voltaire
  Zadig
- 63 Zola
  Au Bonheur des Dames
- 29 Zola
  L'Assommoir
- 85 Zola
  La Bête humaine et autres textes sur **la figure du criminel**
- 49 Zola
  La Curée
- 76 Zola
  La Fortune des Rougon
- 28 Zola
  Germinal
- 43 Zola
  Thérèse Raquin
  Un mariage d'amour

Hatier s'engage pour l'environnement en réduisant l'empreinte carbone de ses livres. Celle de cet exemplaire est de :

550 g éq. CO$_2$

Rendez-vous sur
www.hatier-durable.fr

PAPIER À BASE DE FIBRES CERTIFIÉES

Achevé d'imprimer par Grafica Veneta à Trebaseleghe - Italie
Dépôt légal : 97842-5/03 - Octobre 2015